거
인
의
말

거인의 말

안상헌 지음 —

인문학 독서광 안상헌

이 시대 리더들의 말하기

비밀을 파헤치다

북포스

말없이 살고 싶었다. 그냥 책만 읽어도 되는 세상이었으면 싶었다. 아쉽게도 내가 상상하고 꿈꾸던 세상은 없었다. 세상은 끊임없이 나에게 말하기를 요구했다. 글은 어떻게 쓸 수 있었다. 하지만 말은 정말로, 뜻대로 되지 않았다.

학창시절에는 말을 잘할 필요가 없었다. 말을 하지 않아도 불편함이 없었다. 오히려 말수가 적은 것이 도움이 될 때도 많았다. 사회에 나오면서 이런 혜택은 온데간데없이 사라졌다. 말을 하지 않으면 좋은 평가를 받을 수 없었고, 자신이 한 일을 그럴듯하게 풀어놓지 못하면 능력 없는 인간으로 취급받았다.

최악은 강의였다. 어쩌다 맡게 된 강의는 불편과 고통을 넘어 좌절을 안겨주었다. 내가 하는 말은 사람들의 귀를 파고들지 못했고 그들의 가슴에 도달하지 못했다. 오히려 그들의 표정이 내 심장을 도려냈다. 도대체 말하기가 왜 이토록 어렵단 말인가!

궁하면 변하는 법, 변화를 시도했다. 말을 잘할 수 있게 도와준다는 프로그램에 참여도 해보고, 말할 내용을 몽땅 외워보기도 했다. 이런저런 노력들은 모두 좌절로 이어졌다. 그러다 스티브 잡스의 연설을 들었다. 그는 다른 세계에서 온 사람 같았다. 내가 꿈꾸던 말하기가 그의 입에서 흘러나오고 있었다. 그를 분석했다. 재미가 붙었다. 다음은 버락 오바마였다. 법륜 스님이었다. 노무현 대통령이었다. 그렇게 조앤 롤링, 존 F 케네디, 킹 목사, 오프라 윈프리의 말하기를 배웠다. 그들의 말에는 공통점이 있었다. 그것을 발견했을 때의 희열이란!

남은 것은 연습과 실행뿐이었다. 다행히 나에게는 강의라는 기회가 있었다. 독서광과 저자로 알려지면서 강의 기회들이 만들어졌다. 그들의 말하기를 활용하면서 재미가 붙었다. 사람들의 눈동자가 달라졌고 강의에 의미를 남길 수 있었다. 무엇보다 강의가 신났다.

"강사님, 이건 비밀이라 살짝 알려드리는 건데요, 강사님이 우리 연수원에서 강사평가 1등이세요."

공무원연수원의 한 담당자가 일러준 말이었다. 강사들의 무덤이라는 곳에서 최고평점을 받다니, 듣고도 믿기지 않았다. 청중을 꾸벅꾸벅 졸게 만들던 옛 시절을 떠올려보면 있을 수 없는 일처럼 느껴졌다. 그 무렵 또 한 통의 전화를 받았다. 모기관의 교육담당자였다.

"강사님, 글쎄 교육생 185명이 강사평가를 했는데 평점이 5점 만점이 나왔어요. 우리 연수원에서 처음 있는 일이랍니다. 저도 좋은 강사님 섭외했다고 엄청 칭찬 들었어요."

이런 일을 몇 번 겪게 되자 강의가 운명처럼 느껴졌다. 자신감이 생겼고 일상이 행복해졌다. 되돌아보면 이 모든 것이 가능할 수 있었던 것은 모두 그들 덕분이었다. 세상 사람들에게 의미 있는 메시지를 던지며 변화를 선도했던 그 거인이 있었기에 가능한 일이었다. 그들의 말을 듣지 못했다면 말의 원리를 이해하지도 못했을 것이고, 지금처럼 좋은 평판으로 신명나는 말하기를 할 수도 없었을 것이다.

이제 이 책을 통해 내가 분석한 거인들의 말에 담긴 비밀들을 고스란히 공개한다. 그들의 말하기에는 청중들의 머릿속에 그림을 그려내는 힘이 있고, 감동적인 스토리가 있으며, 개성 있는 단어들과 자기만의 철학이 숨어 있었다. 여기에 거인들의 말에서 배운 것들을 응용해본 나의 사례들도 담아 독자들이 활용할 수 있는 길을 열어놓기 위해 노력했다.

이 책이 말하기에 어려움을 겪는 이들과 불통의 시대를 살아가는 사람들에게 소통의 문을 여는 작은 불씨가 되기를 기대해본다.

2018년 3월
안상헌

거인의 말

1부

생생한 그림처럼
눈앞에
그려진다

1.

그림 그리듯

말하기

'최선을 다해서, 열심히 노력하여, 성실히 일하여, 다양한 경험을 살려서……'

취업컨설턴트들이 누누이 강조하는 자기소개서 최대의 금기어다. 알고 보면 다 좋은 말인데 왜 적지 말라는 것일까? 이유는 여러 가지가 있겠다. 대표적으로, 너무 흔해 빠져서 면접관을 사로잡기 힘들다는 문제가 제일 먼저 꼽힌다. 생각해 보면 그렇다. 너도 나도 다 쓰는 뻔한 표현 중 하나라서 변별력이 없다. 그런데 이보다 더 중요한 이유가 있다. '최선, 노력, 성실'과 같은 모호한 표현이 듣는 사람을 안개 속에 빠뜨린다는 점이다. 이건 마치 하얀색 물감으로 도화지를 칠한 것과 같아서 붓은 들었지만 면접관의 머릿속에 아무런 그림을 남기지 못한다. 최선을 다하겠다고? 아침 7시에 출근해서 사무실을 청소하겠다는 뜻

거인의 말

인가, 일이 끝나지 않으면 퇴근하지 않겠다는 뜻인가?

귀가 있는 이성적 동물의 뇌에는 하얀 도화지가 한 장씩 놓여 있다. 만일 이 도화지에 아무런 그림을 그려낼 수 없다면 당신의 말은 실패한 것이나 다름없다.

"듣는 이의 마음에 그림을 그려라."

이것이 모든 말하기의 제1 원리다.

말하기 재주를 타고난 사람이 몇이나 될까? 나 역시 평균 이하의 말주변을 갖고 태어났다. 입이란 먹을 때 쓰는 것이요, 말이란 배고프다고 징징거릴 때 쓰는 것 아닌가. 학창시절에는 부족한 말재주 때문에 골치 아플 일이 드물었다. 그러다 인문학 독서광으로 소문이 나면서 회사에서 강의를 떠맡긴 뒤로 하루에도 수십 번씩 주둥이를 때리고 싶은 욕망에 휩싸였다. 책이란 게 읽다 보면 저절로 문리가 트이니 말도 하다 보면 입이 트일 줄 알았다. 그런데 그게 아니더라. 2년이 지나도록 변함이 없었다. 아니, 한 가지는 달라졌다. 강의 시간에 사람들이 꾸벅꾸벅 졸고 있어도 더 이상 상처 입지 않는 강력한 멘탈이 생겼다.

책벌레에게 가장 쉬운 건 책을 펼쳐드는 일. 지금 이 시대가 사랑하는 말재주의 달인들을 찾아보았다. 독파하고 초서하고 분석하던 어느 날 한 가지 공통점이 수면 위로 솟았다. 그것이 말하기 제1 원리, 상대방의 머릿속에 그림을 그린다는 것이었다.

오늘 저에게는 꿈이 있습니다. (……) 언젠가 흑인 소년 소녀들과 백인 소년 소녀들이 형제자매처럼 손을 맞잡게 되는 날이 오리라는 꿈입니다.

호소력 짙은 언어로 우리 마음을 뒤흔드는 킹 목사의 말이다. 그가 사용하는 어휘 수준은 평범한 우리와 별반 다르지 않다. 그런데 그의 말은 심장을 파고든다. 위 문장을 읽어보자. 자연스럽게 머릿속으로 한 장면이 떠오른다. 얼굴색이 다른 소년 소녀들이 깍지 끼며 맞잡은 손! 억지로 장면을 상상할 필요도 없다. 나열된 단어를 따라가다 보면 자연스럽게 아름다운 컬러 사진 한 장이 찰칵 찍힌다. 일단 마음에 그림이 그려지고 나면 그림은 지울 수 없는 문신처럼 새겨진다. 좋은 말 하기에는 어려운 단어나 형이상학적인 개념이 필요하지 않다.

오바마의 4컷 만화

아메리카 대륙을 넘어 전 세계에 다수의 팬을 갖고 있는 오바마는 미국식 명연설의 전통을 고스란히 이어받은 사람 중 하나다. 그는 링컨, 케네디, 킹 목사, 레이건, 스티브 잡스로 이어지는 연설의 정수를 흡수했고 연설 곳곳에서 그들의 방법을 차용했다.

이것이야말로 미국의 진정한 능력입니다. 밤에 아이들에게 이불을 덮어 주면서 아이들이 잘 먹고 잘 입고 위험으로부터 안전하다고 알게 되는 믿음, 아무런 위협 없이 생각하는 것을 말로 표현할 수 있고 생각하는 것을 글로 쓸 수 있다는 믿음, 뇌물을 제공하지 않고도 사업을 구상하고 시작할 수 있다는 믿음, 보복의 두려움 없이 정치에 참여할 수 있다는 믿음, 우리의 투표가 중

거인의 말

요한 가치가 있다는 믿음 같은 것들 말입니다.

오바마는 '미국의 진정한 능력'을 청중에게 환기시키고 싶다. 이를 위해 그가 사용한 방법 역시 마음속에 그림 그리기다. 그가 묘사하는 장면은 일상에서 쉽게 접할 수 있는 우리의 삶이며, 이해하기 어려운 단어는 전혀 없다. 다만 오바마는 일상이라는 소중한 가치를 부각시키기 위해 '위험, 위협, 뇌물, 보복' 따위의 단어로 대비 효과를 주고 있다.

오바마의 그림 그리듯 말하기는 같은 연설 다른 이야기에서도 이어진다.

우리는 할 일이 많습니다. 일리노이주 게일스버그에서 만난 노동자들을 위해서 할 일이 많습니다. 그들은 메이텍 공장이 멕시코로 이전함에 따라 일터를 잃게 되었고, 현재 1시간에 7달러를 주는 일자리를 놓고 자신의 자녀들과 경쟁을 벌여야 하는 상황에 놓였습니다.

내가 만난 아버지를 위해서도 할 일이 많습니다. 일자리를 잃은 그는 눈물을 꾹 참고 있었습니다. 건강보험 혜택을 받을 수 없는 이 아버지는 아들의 한 달 약값 4,500달러를 어떻게 마련해야 할지 몰라 깊은 한숨을 내쉬었습니다.

이 말하기는 마치 4단 만화를 보는 듯한 느낌을 준다. 첫째 컷에는 노동자와 아버지가 등장한다. 둘째 컷에는 그들이 일자리를 잃은 모습이 담겨 있다. 셋째 컷에는 일자리를 잃은 그들에게 닥친 문제가 구체적인 현실로 드러난다. 넷째 컷에서 그들은 금방이라도 눈물을 터뜨릴 것 같다. 각각의 장면들은 너무 생생해서 자연스럽게 기억 속에 저장된다. 그리고 더 중요한 게 있다. 오바마는 그림을 통해 메시지를 다 전달했다. 구차스럽게 뭔가 덧붙일 필요가 없다. 왜냐하면 청중들은 그가 말하는 '우리는 할 일이 많습니다.'의 의미를 이해했기 때문이다. 단지 오바마는 그림을 보여준 것뿐인데 사람들은 메시지까지 떠올린다.

구체성을 높여주는 숫자의 힘

숫자는 그림 그리듯 말하기의 효과를 높여준다. 오바마는 '7달러'나 '4,500달러' 같은 숫자 정보를 제공하여 그림을 더욱 세밀하게 그리는 동시에 신빙성을 높여준다. 숫자는 말하는 사람이 구체적인 내용을 잘 알고 있음을 드러냄과 동시에 듣는 사람들의 상상력에 리얼리티를 제공한다. 다음 두 문장을 비교해보자.

❶ 대도시에서 일하던 그는 실직을 당하고 시간제로 일해야 하는 상황에 처했습니다.

❷ 거제의 조선소에서 일하던 그는 조선소가 문을 닫으면서 시간당 7,530원의 최저임금을 받으면서 편의점 아르바이트를 해야 하는 상황에 처했습니다.

의미만 보자면 별 차이 없다. 하지만 느낌은 다르다. 이는 구체적인

거인의 말

요소의 차이 때문이다. 캐리커처 같은 과장된 그림에도 현실감을 높이기 위한 요소가 존재한다. 그게 없으면 누구의 캐리커처인지 알 수 없기 때문이다. 마찬가지로 그리듯 말하기에서도 현실감을 높여주는 몇 가지 요소가 있다. 도시명이나 직장명과 같은 고유명사, 시간당 임금 등의 실제 숫자가 우리를 현실 속으로 안내한다.

날카로운 지성미를 바탕으로 이해하기 쉬운 언어를 구사하는 스티브 잡스의 말을 들어보자.

저는 1년 전쯤 암 진단을 받았습니다. 오전 7시 30분에 정밀검사를 받았는데 췌장에 종양이 또렷하게 보였습니다. 그때까지 저는 췌장이 뭔지도 몰랐습니다. 의사들은 치료할 수 없는 암의 일종이 거의 확실하다면서 3개월 내지 6개월밖에 못 산다고 말했습니다. 의사는 집에 가서 일을 정리하라고 권유했죠. 죽을 준비를 하라는 말이었습니다.

잡스는 자신이 췌장암 확진을 받게 된 순간을 들려준다. 그때가 몇 시였는지, 어디에서 종양이 발견되었는지, 의사가 뭐라고 했는지 마치 카메라처럼 한 컷씩 정밀히 보여준다. 이런 디테일 때문에 나는 지금 의사와 잡스 옆에 앉아 있는 것처럼 느낀다.

종일 검사를 받았고 그날 저녁 늦게 조직을 절개했습니다. 의사들이 목에서, 위를 거쳐 장까지 내시경을 밀어 넣었습니다. 주사바늘을 췌장까지 집어넣어 암세포조직을 약간 떼어냈습니다. 저는 진정제를 맞은 상태였는데 옆에 있던 아내가 그러더군요. 의사들이 조직을 현미경으로 살펴보더니 큰소리로 말하더랍니다. 수술로 치료할 수 있는 매우 드문 종류의 췌장암이라고. 저는 수술을 받았고 다행스럽게도 이제 건강합니다.

잡스가 그리는 이 그림에는 심지어 긴장감까지 있다. 암세포를 떼어내는 장면을 보여주고 연이어 의사의 말을 옮긴다. '수술로 치료할 수 있는 매우 드문 종류의 췌장암'이라는 부분에 이르러 긴장이 해소된다.

구체적인 장면 묘사야말로 사람들을 이야기에 흠뻑 빠져들도록 만든다. 청자의 마음속으로 깊게 들어가려고 한다면 그림 그리듯 말하기라는 수단을 적극 활용해 보자.

그림 그리듯 말하기의 활용

킹 목사와 오바마, 잡스는 스피치의 나라 미국에서도 단연 돋보이는 언어 연금술의 소유자들이다. 이 3명의 사람들은 늘 그들의 말과 함께 기억되곤 한다. 도대체 그들은 어떻게 했기에 그림 그리듯 말하기를 능숙하게 구사하는 걸까?

나는 한 가지 가정을 했다. 아마도 그들의 머릿속에 이미 그림이 들어 있을 것이다. 그들은 머릿속에 존재하는 그림을 내면의 눈으로 보면서 보이는 대로 이야기를 했을 것이다(혹은 글을 썼을 것이다.). 가정을 했으니 검증이 필요한 시간이다.

얼마 뒤 강연에 앞서 먼저 그림을 그렸다. 아직 어떤 방식으로 해야 하는지 몰랐기 때문에 일단은 정리하고 이해하는 차원에서 종이와 그림을 활용했다. 어떤 때는 강의 내용을 구조화시킬 때도 있었고, 때로는 몇몇 예시를 그림으로 그리기도 했다. 그런데 그림 그리기를 반복하다보니 자연스럽게 내용이 머릿속에 각인되는 것을 느낄 수 있었고 사람들 앞에 서서도 말이 술술 나왔다. 결과도 놀라웠다. 말하는 사람은 안다. 듣는 사람의 표정만 봐도 내가 말을 잘했는지 못했는지를.

활용법이 옆으로 샜는지도 모르겠다. 내가 쓴 방법은 정리를 위한 그림 그리기에 가깝다. 하루는 인문학 강의 시간이었다. 인문학 수업의 단골 주제 가운데 하나가 부조리이다. 이 부조리라는 개념은 설명이 쉽지 않다. 그러다 어느 땐가 시시포스라는 그리스 신화의 인물을 그려놓은 그림을 접하게 되었다. 그 그림이 머릿속에 강렬하게 남아 있는 상태에서 연단에 섰는데 글쎄, 그림 그리듯 말하기가 가능하더라. 예를 들면 이렇다.

> 그리스 신화에 시시포스라는 인물이 등장합니다. 그는 하데스에게 죄를 지어 언덕 위로 바위를 밀어 올리는 형벌을 받았죠. 죽을힘을 다해 바위를 정상까지 밀어 올리는데 정상은 뾰족합니다. 바위가 가만히 서 있을 리가 없죠. 반대편으로 데구루루 굴러 떨어집니다. 시시포스는 또다시 바위를 올리기 위해 터덜터덜 내려갑니다. 올려놓으면 굴러 떨어지고, 다시 올려놓으면 또 굴러 떨어집니다. 영원히 되풀이되죠. 이렇게 끝없이 반복되는 무서운 형벌 이야기를 들으면 우리 삶을 구성하는 하나의 주제가 떠오릅니다. 뭘까요? 매일 되풀이되는 어떤 것이 생각나지 않으세요?

굳이 시시포스 신화를 그린 유화를 찾아서 보여줄 필요도 없다. 이미 말을 통해 듣는 이의 마음에 그림을 그렸기 때문에 이제부터는 내 페이스다. 대화는 급물살을 타며 목적지를 향해 줄달음친다.

물론 여기서 끝은 아니다. 사람들에게 바위가 뜻하는 것이 무엇인지 생각해볼 것을 권한다. 몇 번 이야기를 나누다 보면 자연스럽게 '일(노동)'이라는 대답이 나온다. 구체적인 느낌을 전하기 위해 한 걸음 진전시킨다. 바위가 무엇인지 자세히 떠올려보라고 권한다. 아이들은 어떻게 대답할까? 학교 가는 것, 공부하는 것, 수학숙제, 영어학원, 일기 쓰기 같은 대답이 나온다. 어른들은 어떨까? 직장업무는 물론, 밥하기, 빨래하기, 집안청소, 부부싸움까지 일상사가 쏟아져 나온다.

왜 일상사를 들을 때까지 질문을 그치지 않는지는 다음 장에서 다룰 것이다. 일단 급한 대로 답변하면 그림 그리듯 말하기의 힘은 자신과 관련된 구체직인 경험으로 연결될 내 강력해시기 때문이다.

아무튼 말하기의 장벽에 부닥친 우리가 먼저 해야 할 것은 자기 머릿속에 그림을 저장시키는 것이다. 사람은 자신이 알고 있고, 느끼고 있는 것을 잘 설명할 수 있다. 자기 머릿속에 없는 것을 어떻게 설명하겠는가? 말을 잘하고 싶다면 말하고자 하는 것을 먼저 자기 머릿속에 그릴 수 있어야 한다. 그런 후에야 전달도 가능하다.

나는 머릿속에 그림 그리기를 위해 영화를 보거나 오늘 있었던 일들 중 한 장면을 떠올린 후 다른 사람에게 설명해보곤 했다. 사람을 앞에 두고 하지 않아도 괜찮다. 인형이든 벽이든 사람이 있다고 가정하고 인상 깊은 장면을 구체적으로 떠올리면서 보여주면 된다. 이때 장소명과 시각, 사람들의 표정 같은 자세한 내용들을 가미하도록 노력한다.

청중의 머릿속에 그림을 그리듯 말하는 방법

❶ 말하고자 하는 것을 자신의 머릿속에 생생하게 그려본다.

❷ 종이에 그려보고 우리 생활과 연관시킨다.

❸ 구체적인 내용과 사례를 찾아낸다.

❹ 생생하게 표현하고 숫자로 제시한다.

거인의 말

2.

상대방이 관심 있는

그림을 그린다

세상에서 가장 고통스러운 강의

가장 고통스러운 강의는 어떤 강의일까? 어려운 강의일까? 재미없는 강의일까? 둘 다 아니다. 가장 고통스러운 강의는 나와 무관한 강의다. 내 인생과는 전혀 관련 없는 지식과 경험이 쏟아지는 수업은 우리를 졸음에 빠뜨린다. 좋은 강사는 나에게 관심이 많다. 그는 내 언어를 알고 내 사건에 관심을 기울인다.

내가 청문회에서 돋보이게 되었던 것은 국민들과 눈높이가 맞았기 때문이었을 뿐, 특별한 기술이 있었던 것은 아니다.

소박함이 더 없이 매력적일 수 있다는 사실을 우리에게 일깨워준 고 (故) 노무현 대통령의 말이다. 그의 말은 사람들과 대화를 할 때 눈높이를 맞추려는 노력이 얼마나 중요한지 잘 알려준다. 사람들이 청문회를 보며 노무현에 열광했던 이유는 그의 말재주 때문이 아니라 국민들이 하고 싶은 말을 너무도 속 시원히 쏟아냈기 때문이다. 사람들은 자신의 입장을 대변해주는 사람을 응원한다.

사람들의 머릿속에 그림을 그리듯 말하라. 이것이 말하기의 첫 번째 원칙이었다. 그런데 청자의 마음에 어떤 그림을 그려야 할 것인지는 내가 결정하는 것이 아니다. 그것을 결정하는 것은 상대방이다. 그러므로 말하기의 두 번째 원칙은 상대방이 관심을 갖고 있는 그 그림을 찾으라는 것이다. 듣는 이의 마음을 읽어내려는 노력이 필요한 이유다.

강의 날짜가 잡히면 가장 먼저 청중을 분석한다. 주제가 정해진 강의가 아니라면 청중에 따라 주제를 바꾸기도 한다. 20대의 팔팔한 청춘들인지, 흔들리는 마흔인지, 남녀 비율은 어떤지, 어떤 일에 종사하는지, 공통의 이슈는 무엇인지 꼼꼼히 체크한다. 청중의 평균치가 잡히면 이에 맞춰 주제를 잡고 내용을 편집하며 어휘도 고른다. 청중 분석 없이 강의에 임하면 아무리 상다리 부러지게 강의를 마련해도 사람들의 입맛을 맞출 수 없다.

일상적인 대화도 마찬가지다. 젊은 남녀가 미팅을 할 때 가장 먼저 던지는 것이 질문이다. 가족관계를 묻고 취미를 묻는 이유는, 상대방에 대한 애정 넘치는 관심 때문이 아니라 이야기를 이어가기 위한 수단인 경우가 많다. 첫 탐색을 마치고 나면 관심사와 공통주제가 좁혀지

거인의 말

며 대화가 깊어지고 유쾌해진다.

사람은 자신에게 관심을 보이는 사람을 좋아한다.

관심사에 초점을 맞추면 데일 카네기의 말처럼 호감까지 얻게 된다.

방법❶ 상대방의 언어를 활용한다

이제 관심사를 찾았다. 그렇다면 어떻게 대화를 이끌어가야 할까?

요즘 젊은 사람들은 부모를 공양하지도 않고 어른을 공경하지도 않습니다.
우리는 힘들게 부모님 모시고 살면서 공경할 줄 알았는데 요즘 젊은이들이
너무하는 것 같습니다. 이런 젊은이들을 보면 한 대 패주고 싶은 생각이 들
정도인데 어떻게 해야 할까요?

연세 지긋한 어르신이 〈즉문즉설〉로 유명한 법륜 스님에게 질문을
던졌다. 버릇없는 요즘 젊은이 때문에 화가 단단히 난 모양이었다. 복
잡한 언어유희 없이 타인을 포용하는 동시에 마음을 움직이는 말하기
의 소유자 법륜 스님의 대답은 어땠을까?

한 대 패고 싶으면 패세요. 그리고 감옥 가면 돼요. 그런데 감옥 가고 싶지는
않죠? 그럼 패면 안 돼요.

'세상이 변했다. 감정적으로 대응하면 안 된다.'는 답변 정도를 예상하던 청중들은 스님의 명쾌한 답변에 웃음이 터진다. 스님은 색다른 표현도 쓰지 않았다. 질문자가 했던 말을 그대로 받되 '감옥'이라는 새로운 관점을 추가하여 답변한다. 젊은이들의 도덕성을 문제 삼는 질문은 법륜스님의 답변을 거치면서 '법' 문제로 변모하고, 그 가운데 어르신의 '분노'는 법륜 스님의 유머로 승화된다.

상대의 말을 부정하면서 말머리를 꺼내는 사람도 있지만 법륜스님은 상대방을 먼저 긍정하는 데서 출발한다. 질문의 내용과 표현을 그대로 이어받는다. 내가 쓴 언어를 상대가 받아서 그대로 써주면 나는 고맙다. 그가 내게 관심이 있다는 뜻으로 읽힌다.

시장 아주머니들과 대화를 하려면 '이모, 총각, 언니' 같은 그들만의 독특한 호칭법을 알아야 한다. 학생들과 대화를 나누려면 10대의 유행어를 다룰 줄 알아야 한다. 남자가 아이를 낳으면 바보가 된다는 유대인 속담처럼 아이들과 이야기할 때는 바보처럼 보이는 것을 두려워하면 안 된다. 당신이 공부하느라고 익혀 왔던 언어는 집에 두고 다녀라. 그렇지 않으면 당신은 언어의 벽을 세워 청중이 다가오는 것을 막으려고 할 것이다.

방법 ❷ 생활밀착형 예시를 찾는다

눈높이를 맞추는 좋은 방법이 하나 더 있다. 법륜 스님이 자주 쓰는 생활 속의 예시를 드는 방법이다. 예시의 중요성은 아무리 강조해도 지나침이 없다. 이때 중요한 것이 생활과의 관련성이다. 설명이 쉽고

거인의 말

명쾌해지려면 생활 속에서 건져 올린 예시가 필요하다. 평범한 직장인들에게 꿈과 목표를 가지고 분전하라고 당부할 때 굳이 빌 게이츠나 스티브 잡스 이야기를 끌고 올 필요는 없다. 자기계발의 피로감이 극도에 달한 요즘 시대에는 더욱 그렇다. 평범함이나 현실성이라는 의미에 걸맞은 예시를 찾아야 한다.

'한 대 패라'는 법륜 스님의 다음 이야기를 따라 가보자.

질문하신 분은 부모님이나 선배님을 깍듯하게 모신 세대입니다. 지금 젊은 이들은 부모나 선배를 깍듯하게 모시지는 않지요. 그래서 질문하신 분은 나는 이렇게 부모님을 힘들게 모시는데 왜 우리 아들은 그렇지 않은지 화가 날 겁니다. 나는 노인을 공경하는데 왜 젊은이들은 나 같은 노인을 공경하지 않느냐 이거죠.

우선 이 부분에 대한 설명이 필요하다. 이 내용은 본격적인 답변 이전 단계로, 정리와 공감대를 형성하는 부분이다.

대답을 잘하려면 먼저 상대방의 의도를 십분 공감해야 한다. 그래야 상대방이 원하는 대답을 들려줄 수 있다. 법륜 스님은 상대방의 이야기를 경청한 뒤 이를 구체적인 예시를 통해 정리하며 '이런 얘기였죠?' 하고 동의를 구한다.

조금 더 구체적으로 살펴보면, 질문자의 머릿속에 있던 그림은 법륜 스님의 마음에 하나의 상을 남기고, 다시 법륜 스님은 마음에 있는 상을 예시를 통해 상대에게 확인하며 소통의 공간을 창출한다. 이와 같은 사전 과정을 거치면 이제 질문자는 '제가 하고 싶었던 말이 바로 그거예요.'라는 기분을 느낀다. 대답은 그 후에 가능하다.

> 세상에는 좋은 점이 있으면 나쁜 점도 있습니다. 질문하신 분의 입장을 다르게 생각해보지요. 나는 선배를 깍듯이 대하는 문화도 경험을 했고, 선후배가 없이 평등하고 자유로운 문화도 경험했다. 나는 이 세상에서 두 가지를 다 경험했다. 그것이 나의 복이다. 이렇게 생각할 수도 있습니다.

> 내가 시집살이를 했으니 며느리한테도 시집살이를 시켜야 한다. 이렇게 생각하지 말고 내가 시집살이를 해서 힘든 것을 아니까 며느리한테는 그런 시집살이를 안 시켜야 되겠다. 이렇게 생각해야 합니다. 그래야 세상이 변합니다. 자신의 욕구를 극복해야 좋은 사람이 될 수 있는 겁니다.

이 답변의 핵심은 관점의 확대, 혹은 관점의 변경이다. 그런데 관점에 대한 구구한 설명 대신 법륜 스님은 예시를 활용한다. 아마도 답변 내용을 미루어 짐작하면 질문자는 아들을 결혼시킨 시어머니쯤 되지 않을까 싶다. 시집살이라는 표현이 이를 추론케 한다. 한편 시집살이라는 표현 외에 선후배라는 관계어도 등장한다. 시집살이라는 단어만 있었다면 시어머니-며느리라는 프레임에 고정된다. 그러나 또 다른 예시인 선후배는 질문자에게 시어머니의 위치에서 선배라는 위치로 이동해 볼 것을 권한다. 듣다 보면 그렇다. 가족관계로 따지면 며느리지만 인생살이라는 차원에서 보면 나보다 나이 어린 인생 후배가 아닌

가. 마지막으로 여기에 좋은 세상을 만드는 데 우리의 마음가짐이 일조한다, 우리도 좋은 사람이 될 수 있다는 긍정적 메시지를 덧붙인다.

　만일 이와 유사한 메시지를 직장인에게 전달해야 한다면 예시는 다음처럼 얼마든지 달라질 수 있다.

직장인들 중에는 상사가 권위적이라고 비난하는 사람들이 많다. 이렇게 권위적인 상사 밑에서 고생해본 직장인들이 승진해서 상사가 되면 어떻게 될까? 자신도 권위적인 상사가 되기 쉽다. '나는 상사가 죽으라면 죽는 시늉까지 했어'라는 말을 달고 산다. 흔히 하는 말로 본전생각이다. 본전생각으로 사는 사람들은 삶이 괴로울 수밖에 없다. 현재가 아닌 과거에 매어 있기 때문이다.

반면 '나는 권위적인 상사들 때문에 고생하고 힘들었는데 그런 상사가 얼마나 고통을 주는지 잘 안다. 그래서 나는 후배들에게 권위적인 모습을 보여주지 않고 평등하고 자유로운 분위기에서 지낼 수 있도록 힘쓰겠다'는 생각으로 살면 오히려 주변 사람들에게 존경을 받는다. 자신의 과거에 갇혀 있지 않고 그것을 더 큰 용도로 사용하는 사람으로 비치기 때문이다.

이와 같이 청중에 따라 생활밀착형 예시는 달라진다. 일단은 여기까지가 중요하다. 어떻게 결론을 제시해야 하는지는 뒤에서 살펴보자.

강사들의 무덤에서 살아남기

청중 분석의 중요성을 배운 뒤 나 역시 강의를 앞두고 참석자들의 평균을 구하려고 애를 썼다. 직업, 나이, 성별은 물론이고 가능하다면 개인적인 상황들까지 다양한 정보를 얻으려 노력했다. 결과는 놀라웠다. 교감의 영역이 넓어질 뿐 아니라 이야기 재료가 풍부해지고, 나아가 듣는 이들의 반짝이는 눈동자까지 얻게 되었다.

흔히 공무원연수원을 강사들의 무덤이라고 부른다. TV 강연회에서 열광적인 반응을 이끌어내던 인기 강사들도 이곳만 오면 죽을 쑤는 일이 허다했다. 공무원들은 개그맨 공채 면접관처럼 팔짱 낀 채 '어디 한 번 웃겨 봐.' 하는 자세로 앉아 있다. 나라고 별 수 없었다.

그러다 청중 분석을 수행하면서부터 변화의 조짐을 엿보았다. 일반 사회와 달리 공무원 사회는 큰 변화를 기대하기 힘들고 세상의 변화에 대해서 상대적으로 둔감하다. 몸에 열이 많은 사람에게 인삼은 그림의 떡이듯 이들에게 빠른 세태의 변화나 사회적 성공, 혁신에 대한 메시지는 남 일이었다. 맛만 좋고 영양가 없는 강의는 일회성 이벤트 이상의 가치는 없다. 그들에게 필요한 것은 혁신이나 도전이 아니라 일상에 대한 위로와 조금 더 넓게 세상을 볼 수 있는 시선이었다.

공무원 청중을 분석하며 알게 된 몇 가지 기초적 사실은, 이후 내 강의의 주제를 바꾸는 데 밑거름이 되었다. 물론 재미 요소도 빠뜨리지 않았다. 덕분에 한번 다녀온 곳에 다시 부름을 받게 되었고 반짝이는 눈빛을 바라보며 보람을 느끼게 되었다.

이 과정에서 배운 게 또 있다. 상대방이 듣고 싶은 얘기만 전달하면 참 좋겠지만 강연 흐름상 그럴 수 없을 때가 부지기수다. 그렇다고 관심도 없는 얘기를 장황하게 늘어놓으면 사람들은 흥미를 잃는다. 딴짓을 하는 청중을 보고도 당황하지 않는다면 마인드가 대단한 강사거나 개인적 우환이 있는 강사일 것이다. 대개는 너무 당황한 나머지 난국을 타개하기 위해 자세한 설명을 포기하고 얼른 다음 내용으로 넘어간다. 강의가 꼬이기 시작한다.

관심도가 낮다고 중간에 끊고 넘어가는 것은 지루함을 타개하는 방법이 아니다. 오히려 듣는 사람의 머릿속에 그림을 그리듯 자세히 설명하려는 적극적인 노력이 필요했다. 더 친절해질 필요가 있다는 말이다.

우리가 착각하는 것이 있다. 짧게 말하면 지루하지 않으리라는 믿음이다. 그런데 짧게 말하려면 요약이 필요하다. 구체적인 설명을 건너뛰어야 한다. 재미도 없는데 이해는 더 안 된다. 짧게 한다고 했는데 듣는 이에겐 시간낭비다. 사람들이 하품한다.

시간은 상대적이다. 재미있는 영화는 러닝타임 2시간도 짧게 느껴진다. 반면 이해되지 않는 신문사설은 1초도 견디기 힘들다. 중요한 것은 시간이 아니라 사람들의 머리에 구체적인 그림을 그려줄 수 있느냐 하는 점이다. 그림을 그릴 수 있다면 시간은 중요하지 않다.

〈해리 포터〉의 작가 조앤 롤링은 하버드 대학교의 졸업축사에서 이렇게 말했다.

이야기에서 중요한 것은 이야기의 길이가 아니라 그 내용이 얼마나 훌륭한가 하는 점이다. 인생도 마찬가지다.

어디 인생뿐이랴. 말하기도 마찬가지다.

상대방의 눈높이에 맞춰 말하기
❶ 상대방의 직업이나 성별 등 기초적인 정보를 파악한다.
❷ 상대방의 언어를 활용한다.
❸ 생활밀착형 예시를 찾는다.
❹ 짧은 이야기도 지루할 수 있다. 관심이 떨어지는 이야기일수록 그림 그리듯 말해야 한다.

거인의 말

3.

보여주자,

청중에겐 귀뿐 아니라 눈도 있다

컴퓨터가 거대한 가전제품이던 시절로 잠시 회귀해보자. 그 시절 컴퓨터는 말 그대로 가정용이었다. 휴대하고 다닐 만한 아담 사이즈가 아니었기 때문에 거실이든 실내든 한 자리 널찍이 자리를 잡고 있었으며 반드시 책상과 의자를 동반하고 있어야 했다. 그런 시절이었다. 하루는 스티브 잡스가 신제품을 소개하기 위해 무대에 올라 이렇게 말했다.

지금 두께에 대해서 이야기를 하고 있습니다.

너무 얇아서 사무실에 굴러다니는 서류봉투에도 들어갈 정도죠.

말이 이어지는 동안 그는 스크린에 노란 서류봉투를 띄운다. 여기까지는 여느 프레젠테이션에서 흔히 접하는 광경이다. 그런데 다음 순간 잡스는 책상 위에 미리 놓아둔 노란색 서류봉투를 들고 온다.

객석의 시선이 일제히 노란색 봉투에 고정된다. 숨소리조차 멎는다. 진짜 저기서 컴퓨터가 나올까? 잡스는 별 거 아니라는 듯 시크한 얼굴로 내용물을 꺼낸다. 맥북에어였다.

맥북에어는 '세상에서 가장 얇은 노트북'이라는 수식어가 붙은 제품이다. 당시의 노트북 두께에 비하면 혁명적인 수준에 가까웠다. 스티브 잡스는 '이 제품은 얇습니다'라는 말로 그치지 않고 직접 보여주는 방법을 선택했다. 그는 얼마나 얇은지 체감할 수 있도록 돕기 위해 사람들이 매일 쓰는 서류봉투를 활용한다. '저 봉투에 들어가는 노트북이라니!' 객석에서 환호성이 터진다.

직접 보면 변한다

하버드 대학의 존 코터는 위기의식이 부족한 사람들에게 경각심을 일깨워 변화를 이끌어내는 방법을 다음과 같은 3단계로 표현했다.

거인의 말

기업체 경영진은 변화를 외치지만 직원들은 복지부동이다. 바빠 죽겠는데 뭘 바꾸라는 건지 납득하지 못한다. 설령 머리로는 이해해도 몸과 마음은 예전 습관을 못 버린다. 이때 사람들에게 변화의 필요성과 경각심을 일깨우는 최선의 방법이 보여주기라고, 코터는 말한다.

인간은 시각적 동물이다. 음식을 보면서 식욕을 느끼고, 영화를 보며 타인의 삶을 공감한다. 보는 것이 믿는 것이고, 백 번 듣는 것보다 한 번 보는 게 낫다. 몸이 천 냥이면 눈이 구백 냥이고, 시각을 담당하는 뇌의 영역은 모든 감각 기관 가운데 가장 넓다. 그만큼 보는 건 우리 뇌에 강한 영향력을 끼친다.

말하기에서도 직접 보여주기는 좋은 효과를 거두는 쉽고 간편한 방법이다. 말은 머리를 끄덕이게 만들지만 실물은 눈을 동그랗게 뜨도록 만든다. 보여주기 자체로 증명은 불필요해지며 더 이상의 말을 덧붙일 필요도 없게 된다. 이런 효과는 손짓이나 제스처를 사용해야 하는 이유와 연결된다. 꼿꼿이 선 채로 말하는 것보다 손과 몸의 동작을 적절히 배합할 때 메시지는 더 밀착된 느낌으로 청중에게 다가간다.

하나만 보여준다

요즘은 파워포인트, 프레지 등 말하기를 도와주는 시각 프로그램들이 많지만 초창기만 하더라도 한 시트에 열 줄 넘게 글을 채우곤 했다. 이 때문에 강연자가 마치 화면을 보고 읽는 듯한 느낌을 주었던 모양이다. 이런 말을 듣게 되었다. "요즘 강의는 참 편해졌어. 자료를 보고 읽기만 하면 되니까 말이야." 이래서는 안 되겠다는 생각으로 고민하던 무렵 잡스를 만났다. 그는 한 시트에 강의 내용 전체를 욱여넣는 방식에 마침표를 찍었다.

잡스는 원샷원킬(one shot one kill) 전략을 사용했다. 하나의 시트에 한 줄의 문장이나 하나의 그림만 담았다. 제품을 비교하는 게 목적일 때는 그에 맞게 두 개 정도의 그림을 넣었다. 설명은 모두 말로 보충했다. 슬라이스에 글과 그림이 많으면 시선이 분산되고 이해하기 어렵다는 것을 알았기 때문이었다. 하나의 그림만 보여주면 사람들은 그 하나를 기억한다. 반면 여러 개를 보여주면 하나도 기억하지 못한다. 이 것이 그가 원샷원킬 방식을 도입한 이유다.

무엇을 어떻게 보여줄까?

스티브 잡스의 보여주기 전략은 상황마다 달랐다. 맥북에어처럼 서류봉투에서 노트북을 꺼내는 퍼포먼스를 연출할 때도 있고, 화상회의 시스템을 설명할 때는 자신이 직접 직원들과 화상회의를 하는 모습을 보여주기도 했고, 혹은 미리 만들어진 영상자료를 제공하는 경우도 있었다. 특히 아이폰4의 화상통화기능인 페이스타임(Facetime)을 설명할 때는 멀리 떨어져 있는 직원과 직접 화상전화를 연결하여 웃음과 환호를 이끌어냈다.

2007년 아이폰이 시판되었을 때 저의 가장 친한 친구이자 디자인팀의 리더인 자니와 통화를 했습니다. 그래서 이번에도 자니에게 지금 전화를 해볼 생각합니다.

"헤이 자니, 잘 지내나?"

"나는 잘 지낸다네. 자넨 어떤가?"

이런 모습이 처음은 아니다. 아이폰을 만들었을 때도 그랬고 아이패드를 선보일 때도 잡스는 늘 '무엇을 어떻게 보여줄까?'에 관심이 많았다.

우리는 답을 찾아냈습니다. 그리고 오늘 처음으로 여러분들께 선보이고자 합니다. 우리는 이것을 아이패드라고 부릅니다. (박수갈채) 이제 보여드리겠습니다. 이렇게 생겼습니다. (슬라이드로 보여준다.) 사실 하나를 준비했습니다. 바로 이것입니다. 아주 얇죠.

이전에 없던 물건을 어떻게 말로 다 설명할 수 있겠는가. 말로 장황하게 설명하기보다는 실물을 보여주는 것이 이럴 때는 훨씬 강력하다. 보여주기를 잘 활용하면 강연자에 대한 신뢰감을 높일 수 있고, 따로 설득이 필요 없으며 나아가 상대방을 변화시킬 수도 있다.

종이는 훌륭한 보여주기 수단

하지만 매번 보여주기가 성공적인 것은 아니다. 그리고 모든 걸 다 보여줄 수도 없는 노릇이다. 일상적 대화처럼 우연적이며 제한된 환경에서 누가 파워포인트를 쓰며, 그때마다 실물을 눈앞에 대령할 수 있겠는가. 이럴 때 필요한 것이 종이다.

준비되지 않은 일상적 대화의 순간 종이 위에 그림을 그리면서 설명하는 방법은 여러 가지 면에서 탁월한 효과가 있다. 일단 듣는 사람이 내용을 이해하기가 수월해진다. 상대방의 이야기를 그림이나 도표로 확인할 수 있기 때문이다. 이 방법은 설명하는 사람에게도 좋다. 종이 위에 글을 쓰고 그림을 그리면서 말하다 보면 뭔가 더 좋은 생각이 떠오르는 경우가 많다. 종이 위에 글을 쓰고 그림을 그리는 과정에서 내가 말하는 내용이 구체화되고 정리된다. 이때 생각을 옮겨 적은 종이가 있기 때문에 나의 시각도 자극을 받으며 따라서 연상이 쉬워진다. 생각이 확대되고 좋은 아이디어로 이어지는 경우가 많다. 혹자는 이런 효과 때문에 종이를 제2의 뇌라고 부르기도 한다. 종이에 적었을 뿐인데 창의력이 높아지기 때문이다.

거인의 말

설득이 따로 필요 없는 시각 자료

사람들이 시각 자료에 큰 영향을 받는다는 사실을 알게 되면서 가능하면 보여줄 수 있는 자료를 준비하려고 노력하고 있다. 동영상은 물론이고 그림이나 통계자료들도 잘만 활용하면 설득력을 높일 수 있기 때문이다. 최근, 변화의 필요성과 위기의식을 이야기할 때 화면에 띄우는 자료가 있다. 노키아와 애플의 브랜드 가치 변화를 비교하는 자료다.

NOKIA

2009년	5위
2010년	8위
2011년	14위
2016년	–

2009년	20위
2010년	17위
2011년	8위
2016년	1위

한때 노키아는 세계 5위의 브랜드 가치를 자랑하던 회사였다. 2010년을 기점으로 브랜드 가치는 하락하기 시작하여 끝내 마이크로소프트사에 인수합병 되는 비운을 맞았다. 반면 애플은 2009년 20위에서 2016년 1위로 껑충 뛰어올랐다. 왜 이런 일이 생겼을까? 자료를 보여주며 사람들에게 이유가 뭔지 묻는다. 답은 금방 나온다. 스마트폰 때문이다. 아이폰을 개발한 애플은 승승장구하며 치고 올라가지만 스마트폰 개발에 소극적이던 노키아는 내리막길을 걷는다. 이 자료는 세계 5위의 브랜드 가치를 가진 기업도 한순간에 몰락할 수 있음을 여실히 보여준다. 삼성전자도, 애플도 예외일 수 없다. 새로운 제품, 놀라운 기술 하나가 업계의 판도를 순식간에 바꾼다.

이런 자료들은 '변화해야 한다, 위기감을 가져라'는 말보다 훨씬 설득력이 크다. 변화를 눈으로 확인할 수 있기 때문이다.

사람들은 보는 것에 민감하다. 그래서 말하기도 그림 그리듯 해야 하는 것이며, 말하기만으로 어려울 때는 시각 자료를 활용해야 한다. 그림 그리듯 상황을 묘사하고 도표를 통해 구조화시키고 필요에 따라 실물을 보여주는 노력이 듣는 이의 마음에 깊은 인상을 남긴다.

설득력을 높이는 보여주기

❶ 파워포인트나 동영상, 때로는 실물자료를 직접 보여준다.

❷ 그림이나 도표를 종이 위에 그리면서 말한다.

❸ 관련된 통계나 자료를 보여주고 스스로 포인트를 찾도록 유도한다.

거인의 말

4.

앵글을 바꾸면

다른 그림이 된다

창의적인 사람의 특징

창의적인 사람들은 자기만의 독특한 눈을 갖고 있다. 우리에게는 평범하게 보이는 것들이 그들의 눈에는 다르게 보인다. 사소한 일상에서 아이디어를 찾아내고 별 것 아닌 사건에서 교훈을 발견한다. 반면 창의성이 부족한 사람들은 어려운 이야기를 무리해서 끌어 들이거나 자신도 잘 이해하지 못한 말을 남들에게 납득시키려고 애를 쓴다. 어렵고 특이한 것에 창의성이 있다고 믿기 때문이다.

창의성은 완전히 새로운 것이 아니라 기존에 있던 것을 다르게 보는 시각과 관련이 있다. 창의적 말하기도 똑같다. 일상이 된 사물을 다른 관점에서 바라보며 여기에 자기 생각을 얹을 때 창의적 말하기가 탄생

한다.

요즘은 '초보운전' 스티커가 유물이 되었다. '직진만 1박2일', '저도 제가 무서워요', '먼저 가. 나는 틀렸어'처럼 색다른 문구가 '초보운전'을 대체한다. 재미를 추구하는 경향이 창의성으로 연결된 경우다. 특히 '먼저 가. 나는 틀렸어' 같은 표현은 전쟁 영화를 즐겨보는 사람들에게는 익숙한 표현이다. 이런 것이 창의성이다. 기존의 것을 맥락이 다른 곳에 끼어 넣었는데 기존의 의미에 더해 즐거움까지 생겨난다.

부정을 긍정으로 뒤집은 조앤 롤링

몰입도 최고의 판타지 소설로 전 세계를 사로잡고, 최근에는 실패와 역경을 딛고 일어선 입지전적 인물로 조명받는 사람이 있다. 셰익스피어, 찰스 디킨스, 코난 도일, 애거서 크리스티의 계보를 잇는 영국 출신의 세계적 작가 조앤 롤링이다. 그는 하버드 졸업식 축사에서 실패라는 주제를 꺼내든다.

저는 대학 졸업 후 7년간 실패만 거듭했습니다. 결혼식을 치른 지 얼마 지나지 않아 이혼하여 정신적으로 황폐해졌고, 제대로 된 일자리도 없이 아이를 홀로 길러야 했던 까닭에 경제적으로도 힘들게 지냈습니다. 부모님과 저의 걱정이 현실이 되었습니다. 사회적으로 저보다 더 비참하게 실패한 사람은 없었습니다.

그녀의 이야기는 대학을 졸업하고 실패와 가난에 직면한 것으로 시작된다. 그런 후 마법지팡이를 꺼내어 실패라는 단어를 전혀 색다른 가치로 탈바꿈시킨다.

제가 왜 실패의 가치를 오늘의 주제로 꺼낸 것일까요? 그것은 실패가 우리 삶의 군더더기를 없애주기 때문입니다. 실패 덕분에 저는 허세를 부릴 필요가 없었고 제 자신을 직시하게 되었습니다. 가장 중요하다고 생각하는 하나에 집중하게 된 것입니다. 제가 다른 분야에서 성공했더라면 중요한 한 가지에 이렇게 집중하지는 않았을 것입니다. 두려워했던 실패가 현실이 되면서 오히려 자유로워졌습니다. 여전히 살아 있었고, 사랑하는 딸이 있었고, 낡은 타자기와 머릿속에 아이디어가 있었기 때문입니다.

요즘은 공무원시험에 합격한 것을 성공으로 여긴다. 만약 조앤 롤링이 공무원시험에 합격했다면 그녀의 삶은 성공이라고 할 수 있을까? 아이들이 환호하는 〈해리 포터〉는 지금 우리 곁에 없을 것이고 전 세계에서 가장 많이 팔린 책의 주인공은 다른 사람이 되었을 것이다. 조앤 롤링은 실패했기 때문에 자신이 좋아하는 한 가지에 집중할 수 있었다고 말한다. 실패를 경험한 덕분에 내 삶에서 없어도 될 만큼 비중이 작은 일이 무엇인지 알게 되었고 중요하지 않은 일들을 치워버릴 수 있게 되었음을 강조한다. 덕분에 그녀는 머릿속의 아이디어를 타자기로 꺼내는 일에 전념할 수 있었다. 이것이 그녀가 말하는 실패의 가치다.

조앤 롤링의 하버드 대학 졸업 축사는 실패를 다르게 보았기 때문에 두고두고 잊히지 않는 언어가 되었다. 사람들은 실패를 피해야 할 것, 두려운 것으로만 생각할 뿐 그것이 우리에게 무슨 의미가 있는지 찾지 못한다. 반면 저주를 받고 태어난 어린 소년이 악을 물리치는 이야기를 쓴 작가는 일어난 모든 사건에는 이유가 있다는 관점에서 실패를 바라보았고, 죽어 있던 실패라는 단어를 살아 있는 무엇으로 만들어냈다.

스티브 잡스 역시 부정적 사건으로부터 긍정적 교훈을 이끌어낸다.

제 경험으로는 어떤 중요한 결정을 내릴 때 내가 곧 죽을 것이라고 생각해보는 것이 가장 큰 도움이 됩니다. 왜냐하면 외부의 기대, 자존심, 실패에 대한 두려움 같은 모든 것은 죽음 앞에서 떨어져 나가고 진정으로 중요한 것만 남기 때문입니다. 죽는다는 사실을 생각하는 것이야말로 뭔가를 잃을까 두려워하는 함정에서 벗어날 수 있는 가장 좋은 방법입니다.

낡은 껍질을 깨뜨리고 새로운 옷을 입히는 탁월한 능력자들이 있다. 그들은 우리가 당연시하는 사태에 의문부호를 찍는다. 누구나 두렵다고 믿는 것에서 긍정적인 면을 발견한다. 긍정성을 찾기가 불가능하다고 여겼던 경험에서 새로운 깨달음을 발굴한다.

조앤 롤링과 스티브 잡스의 역발상법은 활용도 쉽다. 부정적인 사태의 이면을 살펴보는 것이다. 직장인들은 야근을 싫어한다. 어쨌든 해야 되니까 '피할 수 없다면 즐겨라'라는 말로 마음을 다잡으려고 한다. 그러나 '즐기라'고 한다고 즐겨지는가? 이보다는 야근의 의미를 새롭게 부여해 보는 게 좋다. 예컨대 직장인이 생각하는 야근은 타인의 (암

거인의 말

묵적) 지시에 의해서 이루어진다. 상사가 지시하거나 혹은 눈치에서 야근이 시작된다. 그런데 자발성을 가진 사람에게는 그런 의미의 야근은 없다. 그들은 업무를 더 낫게 처리하려는 욕심쟁이처럼 보인다. '어떻게 하면 성과를 높일 것인가', '어떻게 하면 매출을 높일 것인가', '어떻게 하면 문제를 해결할 것인가'의 시간으로 변모한다. 똑같은 저녁 근무여도 남이 시키면 야근이요, 자발적으로 하면 성취욕이 된다. 야근이라는 표현은 같아도 그 성격은 달라진다.

상상력의 힘

다시 하버드 졸업 축사 현장으로 돌아가 보자. 조앤 롤링은 실패에 이어 상상력에 대한 이야기를 꺼낸다.

세계적인 판타지 작가가 상상력에 대한 이야기를 한다면 어떤 것일까? 상상력이 실패했던 자신의 삶을 바꾸었고, 상상력이야말로 무한한 부가가치를 만들어내는 원천이라고 이야기할 것 같다. 하지만 그녀의 이야기는 상상력이 만들어내는 부가가치와는 전혀 다른 이야기였다. 그녀가 먼저 꺼내든 화제는 20대 초반 국제사면위원회에서 일할 때의 경험이었다.

이곳에서 저는 독재정권 하에서 탄압받는 사람들이 서슬 퍼런 권력의 눈을 피해 몰래 밀반출한 편지들을 읽었습니다. 자국의 실태를 알리기 위해 붙잡

힐 위험을 무릅쓰고 다급하게 손으로 휘갈겨 쓴 편지들이었습니다. 끔찍한 고문을 당한 사람들의 증언도 읽었고 고문이 남긴 상처를 찍은 사진도 보았습니다.

그녀가 그곳에서 경험한 것은 폭압에 시름하고 고통 받는 사람들의 모습이었다. 동시에 자신과 아무런 상관도 없는 이역만리 땅에서 고통 받는 사람들을 위해 묵묵히 일하는 사람들의 모습도 보았다. 여기서 그녀는 인간의 공감능력에 관한 것으로 옮겨간다.

다른 생물체들과 달리 인간은 경험하지 않고도 이해하고 학습할 수 있는 능력이 있습니다. 다른 사람의 처지를 상상할 수도 있지요. 이 능력은 타인을 조종하고 통제하는 데 쓰일 수도 있지만 그들을 이해하고 공감하는 데 사용될 수도 있습니다.

곤경에 처한 사람들이 어려움을 토로하면 사람들은 두 가지 반응을 보인다. 이야기에 깊이 공감하고 그런 일이 없어야 한다며 입을 모으는 사람과 자신과는 전혀 상관도 없는 남의 나라 이야기로 취급해버리는 무관심한 사람이다. 조앤 롤링이 국제사면위원회에서 함께 일했던 사람들은 공감력이 있는 사람들이었다.

하지만 보통 사람들은 타인의 고난을 상상하고 공감하기보다는 자신에게 직접 영향을 미치는 이야기에만 반응하며 자기 안에 갇혀 사는 방식을 선택한다. 이런 자기중심적인 삶이 편리할 수도 있다. 그러나 역지사지를 거부한 사람들은 더 큰 두려움에 사로잡히게 된다. 외로움과 버려짐에 대한 두려움, 생존에 대한 압박이 그것이다. 이렇게 상상과 공감을 거부하는 이들은 자기라는 삶 안에 갇힌다.

> 세상을 바꾸는 데 마법은 필요하지 않습니다. 우리는 필요한 모든 힘을 내부에 가지고 태어납니다. 그것은 멀리 상상할 수 있는 능력입니다.

하버드를 졸업하는 학생들은 미래가 보장되는 기득권자가 될 가능성이 높다. 이런 사람들에게 조앤 롤링은 당부한다. 동시대인을 공감할 수 있는 상상력으로 자기 목소리조차 낼 수 없는 억압받는 사람들의 삶을 대변하는 일에 앞장서 달라는 것이었다. 이것이 그녀가 말하자고 하는 상상력의 가치다.

판타지 작가로서의 성공에 지대한 영향을 끼친 것은 분명 상상력이라고, 사람들이 생각하는 동안 그녀는 상상력이 지닌 새로운 힘에 대해 알려준다. 만일 조앤 롤링이 성공과 상상력의 불가분의 관계에 초점을 맞춰서 축사를 준비했다면 졸업생들에게 성공에 대한 자극은 주었을지언정 따뜻함과 넉넉함, 공감에서 오는 감동은 주지 못했을 것이다.

조앤 롤링은 사람들이 자신에게 기대하는 수준을 벗어나서 생각지 못한 새로운 의미 영역으로 뻗어나간다. 그 방법은 사람들과 다른 관점에서 사물과 개념과 현실을 보는 것이었고 그것으로 사람들의 마음을 움직였다.

이해하면 행복해요

조앤 롤링은 〈해리 포터〉 못지않게 우리 사회를 대하는 놀라운 통찰력을 보여주었다. 나는 그녀의 이야기를 들은 후 다른 관점으로 세상을 보는 연습을 자주 했다. 덕분에 쉽고 재미있게 말하는 방법을 배우게 되었다. 그중 하나가 세상을 이해하는 것이 왜 중요한지를 설명하는 것이다.

사람들은 다른 사람을 이해하고 세상을 배워야 한다고 말하면 '왜 내가 그걸 해야 하냐?'고 반문한다. 내가 먼저 타인을 이해하고 세상을 배워가는 것은 힘들고 귀찮은 일이기 때문이다. 이럴 때 들려주는 이야기가 새로 이사 온 이웃에 대한 것이다.

화자 : 여러분의 옆집에 어떤 사람이 이사를 왔습니다. 키가 2미터에 가깝고 얼굴에 칼자국 같은 흉터가 있습니다. 검정색 대형세단을 타고 다니는데 딱 봐도 조폭처럼 보입니다. 이런 사람을 만나면 무섭죠. 하필 이웃집에 왜 이런 사람이 왔냐고 걱정하게 될 겁니다. 그런데 시간이 지나면서 그 사람에 대한 정보를 알게 됩니다. 시청에 근무하는 공무원인데 아내는 살림을 하고 아이는 딸 둘이 있다는 겁니다. 얼굴에

생긴 흉터는 전기공사를 하다가 그렇게 된 것이고 오래된 검정색 대형세단은 아버지가 물려주신 건데 중고로 팔려고 해도 안 팔려서 그냥 타고 다니고 있었던 거죠. 이런 정보를 알게 된 후 집을 나서는데 그 사람을 만났습니다. 우리는 어떻게 할까요?

청중 : '안녕하세요?'라고 인사를 합니다.

화자 : 그렇습니다. 정보를 알기 전에는 두려운 존재였는데 알게 된 후에는 친해질 수 있는 사람이 된 것이죠.

그 뒤의 이야기는 사람과 세상을 이해하는 것이 우리를 행복하게 해준다는 것으로 이어진다.

다른 사람을 내가 먼저 이해해주는 일은 쉬운 일이 아니다. 나와 생각이 다른 사람들은 피하게 된다. 그럴수록 관계는 꼬이고 생활은 괴로워진다. 이때는 내가 먼저 그 사람을 이해하기 위해 시도해야 한다. 그 이유는 내가 행복하기 위해서다. 알면 이해가 되고 이해가 되면 행복해진다.

다르게 생각하는 것은 어려운 일이 아니다. 우리가 당연하게 여기는 것들의 이면을 생각해보면 된다. 죽음이 싫다면 죽음의 좋은 점을 생각해보고, 로또복권 당첨이 좋은 것이라면 그 이면에 숨은 부정적인 면을 생각해보자. 사람들은 이런 이면을 들여다보는 사람의 말에 귀를 기울인다. 더 크고 더 깊고 더 넓은 생각으로 우리를 이끌어주기 때문이다.

앵글을 바꿔서 말하는 방법

❶ 흔히 통용되는 의미가 아닌 색다른 의미를 찾아본다.

❷ 의도적으로 반대되는 가치를 생각해보는 것도 좋다.(죽음의 긍정적인 면. 행복

의 부정적인 면 등)

❸ 듣는 사람들의 입장과 연관시켜서 말한다.

거인의 말

5.
과거를 눈앞에 가져오면
미래가 보인다

무왕불복(無往不復)

가기만 하고 반복되지 않는 것은 없다(無往不復).

〈주역(周易)〉은 다양한 삶의 모습을 분석해서 흐름에 따라 패턴화시킨 책이다. 인간의 삶은 그 본성이 변하지 않는 한 비슷한 패턴을 반복할 수밖에 없다. 위기 뒤에 기회가 오고, 성공이 있으면 실패가 뒤따른다는 식의 표현들은 과거 인간들의 삶을 분석하면서 얻은 깨달음들이다. 〈주역〉에서 무왕불복을 말하는 이유도 이것과 관련이 있다. 우리의 삶은 비슷한 패턴들의 반복이다. 흔히 과거에서 배우지 못한 사람에게는 미래가 없다고들 한다. 모르면 같은 실수를 반복할 수밖에 없기 때문이다. 우리가 역사를 살피는 이유도 이 때문이다. 옛일을 살펴보면 오늘 우리가 어떤 삶의 태도를 취해야 하는지 알 수 있다. 보다 지혜로운 선택이 가능해진다. 역사란 지난날의 사건들에 대한 지식이 아니라 인간 본성에 대한 깊은 이해와 인생의 법칙에 대한 통찰에 다름 아니다.

오바마의 과거 활용법

오바마는 역사를 잘 활용한 지도자 가운데 한 명이다. 오바마를 비롯한 세계 여러 지도자들은 상대방을 설득해야 할 때 종종 역사를 되짚어주는 방법을 택했다.

우리가 만들어온 전통은 강함이지 약함이 아닙니다. 미국은 기독교, 이슬람교, 유대교, 힌두교, 무종교의 나라입니다. 지구 각지에서 온 다른 언어와 문화가 어우러져 만들어진 나라입니다. 남북전쟁과 인종차별의 쓰라린 아픔을 겪었고 어두운 과거에서 더욱 강력하고 화합하는 나라로 성장해왔기에 과거의 증오는 언젠가 사라질 것이라고 굳게 믿으며 인종 간의 경계 또한 곧 사라질 것이라 믿습니다.

오바마는 취임사에서 미국이 앞으로 나아가야 할 방향을 밝힌다. 이때 그가 많은 사람들에게 미래의 방향을 설명하기 위해서 가져온 것은

거인의 말

다름 아닌 과거였다. 미국은 남북전쟁을 겪었고 극심한 인종차별의 슬픈 역사도 가지고 있다. 게다가 세계각지에서 온 다양한 인종과 종교들이 혼재하고 있다. 오바마는 미국이 이것을 극복하면서 강한 나라로 성장해왔음을 밝힌다. 그리고 지금의 미국으로 발돋움하기 위해 선조들이 지켰던 가치가 무엇인지 하나하나 열거한다.

> 정직, 성실한 노동, 용기, 정낭한 행동, 관용, 호기심, 충성심, 애국심 등의 가치들은 과거부터 지켜온 진정 소중한 것이자 우리가 역사의 진보를 이룰 수 있도록 만든 정신입니다.

걸어가야 할 내일의 길을 제시하는데 과거만큼 좋은 도구는 없다. 지난날 위기를 극복하며 보다 나은 삶의 터전을 일구어왔던 과정들을 보여주면 지금 우리에게 필요한 것이 무엇인지 느낄 수 있다. 오바마는 과거의 경험에서 값진 의미와 교훈을 추출해서 이를 잠시 잊었던 이들에게 환기시켜준다.

이와 같이 과거의 정신을 되살리는 방법은 조직이 처한 어려움을 극복하자는 메시지를 던지는 모든 순간에 유용하다. 그것이 거대한 기업이든 작은 가정이든 모든 조직과 존재는 과거를 가지고 있고 어려움을 극복한 순간을 간직하고 있다. 그때의 상황을 일깨우고 국란 극복정신을 재생시킨다면 사람들을 고무시킬 수 있다.

과거는 권위를 부여한다

우리가 무언가에 복종할 때 그 무엇에는 '권위'가 있다고 말한다. 때로 자리기 권위를 만들기도 하지만 대개는 과거로부터 내려온 전통적 가치를 지키는 자가 권위를 갖게 된다. 나아가 과거의 중요한 가치를 기억하고 이를 언어로 표현할 수 있기만 해도 우리는 권위의 일부를 나눠 갖게 된다. 지난날 우리의 선조들이 어떻게 했고, 선배들이 어떤 길을 걸어왔는지를 말할 수 있다면 그 기억 자체만으로도 나는 권위의 일부가 된다. 그런 점에서 과거를 보여주고 정신을 일깨우는 것은 리더가 사람들을 설득하는 탁월한 방법이다.

지난 240년간 우리의 정부는 새로운 세대들에게 임무와 목적을 제시해왔습니다. 이는 애국자들이 독재에 대항하여 공화정을 택한 이유이고 개척자들이 서부로 가로질러간 이유이며 노예들로 하여금 자유의 길을 걷게 한 이유였습니다. 이것이 바로 이민자들과 난민들을 바다와 리오그란데 강으로 이끈 이유였습니다. 이것이 바로 여성들을 투표로 이끈 정신이며 이것이 바로 노동자들을 연대하게 한 정신이었습니다.

사람의 시선은 늘 자기가 살아가는 시대에만 머무는 경향이 있다. 이 때 자신의 부모와 할아버지가 살아왔으며, 앞으로 자식들이 살아가야 할 시대까지 시야를 넓혀주면 생각은 시대적 한계를 뛰어넘어 앞뒤로 넓어진다. 나를 넘어 우리가 되고 지역사회를 넘어 국경까지 확대되는

거인의 말

경험이 가능해진다. 오바마는 흘러가버린 미국 역사를 44대 미국 대통령 취임식 자리에서 생생하게 재현시킨다. 지금껏 정부는 240년간 사람들에게 각자의 역할을 요구해왔다. 그 역할이 독재에 대항해 공화정을 선택하고, 오지를 개척하고, 노예를 자유롭게 만들었다. 개별 세대의 역할은 달랐지만 이를 꿰뚫는 숭고한 정신, 즉 자유와 평등을 지켜내기 위한 마음이 험난한 여정을 성공적으로 이끌어온 원동력이었음을 일깨우기 위해서다.

구체적인 과거의 한 장면 한 장면에서 의미와 교훈을 찾아내고 이를 숭고한 정신과 연결시키는 것, 이것이 오바마식 말하기가 가진 힘의 근원 중 하나다. 다시 한 번 강조한다. 오바마는 그냥 뭉뚱그려 '과거'라고 말하지 않는다. 대신 구체적인 한 장면 한 장면을 언급한다. 추상적인 언어가 아니라 구체적인 장면 하나하나를 추출하여 이를 하나의 정신과 연결시킨다. 이제 이야기를 듣는 청중은 그 정신과 일체화가 된다.

역사 활용하기

오마바의 전통 살리기를 우리의 삶에 대응시켜보자. 자신의 삶에서 어려움을 극복한 이야기들을 발굴해보자. 어린 시절부터 지금까지 수많은 사건을 겪었을 것이다. 다리를 다쳤거나 친구에게 따돌림을 당했거나 시험에 떨어졌거나 정체성의 혼란으로 정신적 황폐를 경험했을 수도 있다. 이런 경험들을 어떻게 극복해왔는지 돌아보자. 우연히 해결되었을 수도 있고 시간이 지나가면서 자연 치유되었을 수도 있다. 그러나 그것만으로 설명하기 힘든 점이 있을 것이다. 분명 고난의 계절을 견뎌냈던 정신과 힘이 있다. 이를 발견할 수 있다면 나의 잠재력과 가능성을 다른 사람들에게 설명할 수 있다. 이것이 스토리텔링이다.

조직도 마찬가지다. 위기 없는 조직은 없다. 창업은 물론 성장 단계에서도 숱한 어려움에 부딪쳤을 것이고 이를 이겨내기 위해 많은 이들의 눈물과 땀과 희생이 뒤따랐을 것이다. 그 과정을 언어적으로 잡아낼 수 있다면 그것이 조직의 역사가 된다. 그 역사 속에는 필연적으로 역경을 이겨낸 그들만의 정신이 담겨 있다. 그 과정을 감동적으로 보여줄 수 있다면 지금 우리에게 직면한 위기와 도전을 어떤 방법으로 어떤 정신으로 돌파해야 하는지 영감을 얻을 수 있다. 청중은 과거에서 추출된 정신에 고무되고 미래에 대한 청사진을 얻으며 자신에게 부여된 역할을 의미 깊게 받아들인다.

이것이 바로 우리가 미국이 특별하다고 말할 때의 그 의미입니다. 이것은 미국이 처음부터 무결점이었다는 것을 말하지 않습니다. 이것은 우리가 변화할 수 있는 수용성을 가졌음을 말해줍니다. 우리가 이 정신을 따를 때 사람들에게 더 좋은 삶을 만들어줄 수 있음을 말해줍니다.

과거의 사건과 경험에서 지금을 극복할 정신을 추출하고 이를 사람들에게 알려주는 말하기는 현재를 극복할 힘과 의지를 북돋는다.

거인의 말

통하는 사람

오비미를 통해 과거를 활용하는 말하기를 배운 후 어떻게 활용할까 고민했다. 용도는 너무 다양해서 이루 다 말할 수 없을 정도였다.

다른 사람과 이야기를 나눌 때 '통하는 사람'이라는 인상을 주는 것은 무척 중요하다. 나와 통한다는 느낌을 받을 때 마음을 열고 들어주기 때문이다. '통하는 사람'이 되면 조금 무리가 있는 말도 크게 문제 삼지 않고 받아들이는 경우가 많다.

청중과 통하는 사람이 되기 위해 사용하는 방법이 있다. 청중과의 공통 경험을 화제로 삼는 방법이다. 청중이 학생이라면 학창시절의 경험을, 청중이 주부라면 가정에서의 경험을 꺼낸다. 특정직업 종사자라면 해당 경험에 대한 이야기를 화제에 올린다. 특히 청중이 직장인들인 경우 직장인 시절의 경험을 자주 이야기한다. 공통 경험이란 곧 역사를 공유한다는 뜻이고, 이와 같이 강연자와 청중이 기억의 교집합 안에 놓이면 청중의 반응도 아주 좋아진다. 나는 더 이상 가르치러 온 외부의 사람이 아니라 그들과 같은 뿌리에서 나온 사람이 된다.

화자 : 사람은 기다리는 인생을 살아갑니다. 특히 직장인들은 기다리는 것
이 낙이죠. 아침에 출근하면 무엇을 기다릴까요?

청중 : 점심시간이요.

회자 : 그렇습니다. 직장인들은 점심시간을 기다립니다. 점심을 먹은 후에
는 뭘 기다릴까요?

청중 : 퇴근시간이요.

화자 : 맞습니다. 그럼 주중에는 뭘 기다릴까요?

청중 : 주말이요.

화자 : 이렇게 기다리는 것이 우리 직장인들의 삶이 되었습니다. 기다림이
있다는 것은 참 좋은 일입니다. 희망이 있고 바라는 것이 있다는 뜻
이니까요.

공통의 화제를 꺼내서 주거니 받거니 하다 보면 청중과 같은 입장에
서 생각하고 말할 수 있게 된다. 그때 청중들은 자신도 모르게 '저 사람
이 우리를 가르치려는 것이 아니라 같은 입장에서 대화를 하려는구나'
라는 느낌을 받는다. 물론 공통 경험을 끄집어낼 수 있었던 이유는 직
장생활의 경험 덕분이다. 기억을 더듬으면 듣는 사람과의 공통 경험을
하나쯤은 찾을 수 있게 되며 그 기억의 꼬리를 붙잡고 따라가면 지금
내 앞에 앉아 있는 이들의 생각을 읽을 수 있게 되고 그들의 마음을 공
감할 수 있게 된다. 그렇게 이해하고 공감하는 가운데 입을 열면 듣는
이는 거부감 없이 내 말에 귀를 기울인다.

우리의 과거는 우리가 어떤 존재인지를 알려주는 훌륭한 재료다. 지

거인의 말

나간 사건들, 사람들의 선택과 결과가 지금의 삶에 고스란히 반영되어 있다. 우리에게 필요한 것은 이런 과거의 유산들을 잘 갈무리하여 이해하기 쉽게 멋진 그림으로 보여주는 것뿐이다.

과거를 활용해서 현재를 극복하자는 메시지를 만드는 방법

❶ 생각을 뒷받침할 수 있는 과거의 경험과 자료들을 찾아낸다.

❷ 얻을 수 있는 교훈이나 깨달음을 문장으로 정리한다.

❸ 다른 사람들에게 쉽게 알릴 수 있도록 그림이나 묘사 방법을 찾는다.

6.

자기만의 이야기를

그려라

첫 소설은 자기 이야기

소설가들이 가장 자신 있게 쓸 수 있는 이야기가 무엇일까? 가까이에서 지켜볼 수 있는 친구들 이야기일까? 성공한 유명인에 대한 이야기일까? 친구 이야기나 유명인 에피소드보다 더 잘 쓸 수 있는 이야기가 있다. 바로 자기 자신에 대한 이야기다. 내 이야기를 나만큼 알고 있는 사람은 없다.

흔히 자전적 소설로 분류되는 〈데미안〉, 〈수레바퀴 아래서〉, 〈나르치스와 골드문트〉 등의 작품들은 헤르만 헤세의 유년시절 경험에 바탕을 두고 있다. 자유를 갈망하는 한 영혼이 권위적인 교육풍토와 집안 분위기 속에서 새로운 세상으로 나아가기 위해 안간힘을 쓰는 모습

거인의 말

이 잘 드러나는 작품들이다. 이 작품들 속의 주인공은 헤르만 헤세 자신의 분신인 경우가 많다. 그의 작품이 진한 감동으로 다가오는 이유는 체험에서 우러나온 진실한 고뇌와 갈등 때문일 것이다.

옆집 꼬마도 이름을 아는 사람, 자타가 인정하는 이 시대의 위인 이야기는 말하기의 단골 소재이자 설득을 용이하게 해주는 힘이 있다. 이런 이유로 사람들은 말하기 기회가 주어지면 유명인의 에피소드를 꺼내드는 경향이 있다. 물론 장점이 있다. 다 아는 사람이니까 이해도 쉽고 잘 받아들여진다. 반면 친밀감을 주기는 어렵다. 평범한 나와 너무 동떨어진 이야기처럼 들릴 수 있다. 이런 단점을 보완하고 듣는 이의 마음속으로 성큼 다가서기 위해서는 나 자신으로부터 소재를 구한다. 그것이 좋은 말하기 방법이다.

세상에 나만큼 나를 잘 아는 사람이 있을까? 내가 어떤 고민으로 번민에 휩싸였고, 내 안에 어떤 두 마리 늑대가 갈등을 일으켰고, 파란 종이와 빨간 종이 가운데 어떤 종이를 택했으며, 선택의 결과는 실패와 성공 가운데 무엇이었는지, 나아가 여기서 무엇을 배웠는지 나만큼 잘 아는 사람이 또 누가 있을까?

내 이야기를 소재로 삼아 글을 쓰면 문장가가 되고, 내 이야기를 소재로 삼아 말을 하면 달변가가 되는 이유가 여기에 있다. 다른 무엇보다 잘 아는 이야기이기 때문에 일단 말에 자신감이 뚝뚝 묻어난다.

자기 이야기로 청중을 사로잡다

말의 달인들은 자기 이야기에 능하다. 오바마, 스티브 잡스, 오프라 윈프리, 고 노무현 대통령은 모두 자기 이야기를 화제로 올렸고, 이를 통해 사람들의 마음을 움직였다.

'흑인 오바마를 인간 오바마로, 떠오르는 신성에서 확실한 대안으로' 바꾸며 오바마의 삶을 송두리째 바꾼 연설이 있다. 2004년 민주당 전당대회 기조연설이다. 오바마는 '나의 경험담'을 어떻게 전달할 때 사람들이 귀가 아닌 마음으로 듣는지 알고 있었던 것 같다. 그의 이야기는 이렇게 시작된다.

> 오늘밤은 저에게 매우 특별한 영광입니다. 왜냐하면 솔직히 말해서 제가 이 자리에 설 가능성은 매우 낮았기 때문입니다.

말하기 선수들은 첫마디의 중요성을 안다. 어떻게 시작할까? 많은 경우 자신을 낮추거나 감사의 마음을 전하면서 입을 뗀다. 그래야 자리가 빛날 수 있고 청중에게도 좋은 인상을 줄 수 있다. 스탠퍼드 대학교 졸업식 축사에서 스티브 잡스 또한 자신의 심정을 담담하게 밝히는 것으로 말머리를 열었다.

> 세계 최고 대학의 졸업식에 참석하게 된 것을 영광으로 생각합니다. 사실 저는 대학을 졸업하지 못했습니다. 대학교 졸업식을 이렇게 가까이서 보는 것

거인의 말

도 태어나서 처음입니다.

그런 뒤 개인적 경험담으로 접어든다. 자신의 출생과 입양된 이야기, 대학을 중퇴한 이야기, 애플을 설립하고 성공하고 쫓겨난 이야기, 죽음의 문턱에 다가갔던 이야기들이다. 이런 흐름은 오바마도 마찬가지였다. 그의 다음 이야기도 개인사였다. 그는 자신의 아버지 이야기로 화제를 갈아탄다.

나의 아버지는 케냐의 조그마한 마을에서 태어나고 자란 외국인 유학생이었습니다. 그는 어린 시절 염소를 키우며 자랐고 양철지붕의 판잣집 학교를 다녔습니다. 그의 아버지이자 저의 할아버지는 영국인 가정에서 일하는 요리사였습니다.

할아버지는 아들에 대해 큰 꿈을 가졌습니다. 덕분에 아버지는 불굴의 노력과 끈기를 발휘하여 마법의 땅에서 장학금을 받고 공부할 수 있었습니다. 그곳은 바로 미국이었습니다. 미국은 먼저 온 이민자들에게 자유와 기회의 빛을 비추는 등대 같은 곳이었습니다.

여기서 청중의 박수갈채가 터져 나온다. 미국이 얼마나 위대한 곳인지를 생생하게 드러냈기 때문이다. 오바마는 할아버지와 아버지의 이야기를 통해 미국이 기회의 땅이었음을 알려줌으로써 청중의 자긍심을 높이며 동시에 우리가 살고 있는 이 땅에 대한 한 가지 프레임을 갖게 된다.

스피치는 다시 어머니에 대한 이야기로 이어진다. 어머니의 어린 시절과 아버지와의 만남 그리고 두 사람의 꿈에 대해 말한다.

저의 부모님께서 함께 나눈 것은 믿기 어려운 사랑뿐이 이닙니다. 이 나라의 가능성에 대한 변치 않는 믿음도 함께 공유했습니다. 부모님은 제게 은총이란 뜻의 '버락'이라는 아프리카식 이름을 지어 주었습니다. 모든 것이 용납되는 관대한 미국에서 제 이름이 성공의 장애물이 되지 않을 것이라고 믿으셨기 때문입니다. 부모님은 부자가 아니었지만 제일 좋은 학교에 다닐 수는 있다고 생각했습니다. 왜냐하면 관대한 미국에서는 부자가 아니라도 잠재력을 발휘할 수 있기 때문입니다. 지금 두 분은 돌아가셨지만 오늘밤 자랑스럽게 저를 내려다보고 계신다는 것을 알고 있습니다.

오바마식 말하기의 매력이 여기서 터져 나온다. 오바마의 아버지는 흑인이고 어머니는 백인이다. 둘의 만남 자체는 피부색을 뛰어넘는 놀라운 사랑이었다. 여기에 오바마는 미국에 대한 믿음을 더한다. 버락이라는 아프리카식 이름을 지어도 차별받지 않고, 부자가 아니었어도 하버드라는 좋은 대학에 다닐 수 있는 것은 미국이라는 나라가 교육의 기회를 균등히 제공하며 또한 그 사람의 출신보다 잠재력을 높이 평가하기 때문임을 강조한다. 아버지의 성공을 아버지 개인의 능력으로 설명하는 게 아니라 미국이라는 나라가 가진 사회적 건강함 때문이라고 부각시킨다.

거인의 말

이 자리에 선 저는 저의 이야기가 거대한 강물과 같은 미국 역사의 한 지류임을 알고 있으며, 이는 저보다 먼저 이 땅에 온 선조들의 덕분이라는 것을 잘 알고 있습니다. 또한 제가 이런 자리에 서는 일이 지구상의 어느 나라에서도 불가능하다는 사실을 잘 알고 있습니다.

이후 이어질 이야기는 충분히 짐작되고도 남는다. 자신에게 기회를 준 미국의 힘에 감사하고 그런 국가를 만든 선조들의 희생정신을 잊지 말아야 하며 그것을 이어가기 위해 노력해야 한다는 흐름이 될 것이다.

오바마식 말하기의 비밀

스펙 대신 스토리라는 말이 회자될 정도로 이야기 전달력은 핵심 역량으로 꼽히고 있다. 자기소개서에 매혹적인 스토리를 담고, 면접관 앞에서 살아온 이야기를 설득력 있게 들려주는 능력은 어떻게 길러야 할까? 오바마에게서 한 가지 힌트를 찾아보자.

오바마는 개인적 경험을 더 넓은 가치로 확장시킨다. 예컨대 자신이 어려움을 극복한 이야기를 개인의 역량에 국한시키지 않고 조직의 힘으로 넓히고 미래의 가치로 연결시킨다. 생각보다 어렵지 않다. 힘겹게 이겨낸 삶의 스토리를 만들고 이 이야기에서 교훈을 찾은 후 그 교훈이 우리 모두에게 필요하다고 연결시키기만 해도 일단은 성공이다.

이때 주의해야 할 것이 있다. 나의 성장과 성공을 너무 치켜세워 자 칫 오만해 보이면 곤란하다. 그 공을 내가 잘난 덕이 아니라 타인의 희 생이나 사회적 건강함, 조직의 힘으로 돌려야 한다. 아무리 뛰어난 사 람도 혼자서는 태어날 수도 없고, 성장할 수도 없다. 아프리카 속담처 럼 한 명의 아이를 기르기 위해서는 하나의 마을이 필요하다. 누군가 의 도움과 희생이 필수적이다. 나의 개인적 성공을 전체의 공으로 돌 리고 이런 공평하고 정직한 사회를 만들어야 한다고 강조하는 것이 포 인트다.

언젠가 어느 회사의 모임에서 오바마식 표현법을 제대로 구사하는 사람을 만난 적이 있다. 그의 말을 떠올려서 정리해보았다.

이렇게 많은 분들 앞에서 말을 할 수 있게 되어 영광으로 생각합니다. 왜냐 하면 십 년 전 회사에 입사할 당시의 저로서는 생각할 수도 없는 일이기 때문 입니다. 회사에 입사할 당시 저는 사회로부터 버림받았다고 스스로 생각하 던 루저였습니다. 남들보다 스펙이 뛰어나지도 않았고 긍정적이고 적극적인 생각도 가지지 못했으며 무엇보다 무능력했습니다. 하지만 운이 좋게 저는 회사에 입사할 수 있었고 그것은 제 인생을 완전히 바꾸어 놓았습니다. 내 이야기를 들어주는 사람들을 만났고 함께 일을 배울 동료를 얻었고 능력을 시험해볼 수 있는 일이 생겼습니다. 저에게 회사는 구원자였습니다.

그런 제가 어떻게 감사하지 않을 수 있겠습니까? 지금의 저를 만든 것은 바 로 우리 회사였고 그것이 우리 회사의 힘이라고 생각합니다. 능력이 부족한 사람에게 가르침을 주고, 힘겨운 사람에게 격려를 아끼지 않는 동료들이 있

거인의 말

는 한 저는 우리의 미래가 밝다고 믿습니다.

개인적 경험담을 활용하여 청중의 정신을 고양시키는 좋은 말하기다. 요약하면 그는 말할 기회를 얻게 된 것에 감사하고, 지난날 자신의 힘겨운 삶을 돌아본 후, 현재의 자신이 있게 된 것이 동료와 회사 덕분이었음에 감사를 표한다. 그런 후 자신이 그랬듯이 우리 모두 잘할 수 있다는 희망의 메시지로 스피치를 마감한다.

인생은 수업

개인 경험담이 없는 사람은 없다. 그런데 의미와 교훈을 찾아보라면 어려워들 한다. 이런 사소한 사건에서 무슨 의미를 찾으라는 얘기지? 물론 쉽지 않다. 나는 그 답을 〈인생수업〉으로 잘 알려진 엘리자베스 퀴블러로스의 통찰력에서 찾아보았다. 그의 말을 빌린다면 의미의 발견이란 곧 삶의 여정이다.

삶은 탄생에서 죽음에 이르는 수업과 같습니다. 우리는 저마다 배움을 얻기 위해 이 세상에 왔습니다. 아무도 당신이 배워야 할 것이 무엇인지 알려 줄 수 없습니다. 그것을 발견하는 것은 당신만의 여행입니다.

아무리 사소한 이야기에도 의미는 있다. 그 의미를 찾는 과정이 곧 여행이고 곧 배움이다. 과거의 잘못에서도 배우고 슬픈 일에서도 배운다. 이런 의미와 배움이 있을 때 우리가 지나온 시간은 헛되다는 허울을 벗고 가치 있는 무지개로 변모한다. 그 순간 삶은 충만해진다.

우리가 해야 할 일은 내 경험에서 의미와 배움을 찾아내는 일이다. 아무리 작은 이야기여도 배울 거리가 있으면 듣는 이를 크게 움직일 수 있다. 아무리 멋진 이야기라도 의미를 건져올 수 없거나 공유할 수 없다면 그냥 이야기에 그치고 만다. 강의를 마칠 때쯤 가끔 하는 이야기가 있다.

> 오늘 저와의 시간이 허투루 보낸 시간이 아니었기를 바랍니다. 아무리 작은 것이라도 그 속에서 의미와 배움을 찾아낼 때 그것은 살아 있는 것이 됩니다. 인생은 시간으로 이루어져 있습니다. 이 시간이 행복이었는지 아니었는지는 우리가 어떤 의미를 찾아내느냐에 달려 있습니다. 작은 하나라도 배움이 있고 소소한 삶의 의미를 발견했다면 그것으로 우리는 충만한 시간을 보냈다고 생각합니다.

각자의 이야기에는 언제나 배울 점이 있다. 이를 찾아내는 방법은 솔직해지는 것이다. 그리고 스스로에게 묻자. 물으면 답이 나온다. 그 답을 발견할 때 우리의 이야기는 다른 사람의 마음을 밝히는 촛불이 된다.

내 이야기를 의미 있게 전달하기

❶ 말할 기회를 얻은 것에 감사를 표한다.
❷ 배울 거리가 있고 의미가 있는 자기 이야기를 들려준다.
❸ 지금의 내가 존재하게 된 것이 조직이나 주변 사람들의 공이었음에 감사한다.
❹ 내가 잘했듯이 우리 모두 잘할 수 있다는 희망을 전한다.

7.

내일을 위한

그림을 그린다

경험과 점들(dots)

"교수님, 기업에 제출할 입사지원서와 자기소개서인데 좀 봐주세요."

취업시즌이 되면 학생들로부터 자주 받는 부탁이다. 그날 가져온 학생의 주제는 인상적이었다.

'Connecting the dots.'

스티브 잡스의 스탠퍼드 졸업식 축사를 연상시키는 단어였다. 너무도 유명한 그의 축사는 이 시대의 젊은이들에게 영감을 불러오고 삶의 지표가 될 수 있는 요소로 가득하다. 이 축사에서 스티브 잡스는 자기 인생의 세 가지 이야기를 꺼냈는데 그 첫 번째 스토리가 점들의 연결

(Connecting the dots)에 대한 것이었다.

저는 리드 칼리지를 6개월 다니고는 그만뒀습니다. 바로 그만둔 것은 아닙니다. 18개월 정도 청강생으로 주변을 맴돌았습니다. 제가 왜 중퇴했을까요?

리드 칼리지 중퇴 사건으로 시작된 이야기는 콜라병을 팔아서 식사를 해결하던 힘든 시절의 기억으로 이어진다. 그리고 그런 방황들이 헛된 것이 아니었음을 강조하는데 이를 위해 서체 이야기를 들려준다.

중퇴한 뒤에는 정규 수업을 들을 필요가 없었기 때문에 서체수업을 들었습니다. 그때 저는 세리프와 산세리프체를 배웠고 글자 조합에 따라 자간을 어떻게 조정하는지, 어떻게 해야 멋진 서체가 될 수 있는지도 배웠습니다. 그것은 과학으로 설명할 수 없는 아름답고, 역사가 깊고, 예술적으로 오묘한 것이어서 저는 곧장 매료되었습니다.

누구나 이런 경험은 있다. 우연히 무언가에 매료되어 깊이 빠진 경험. 당시에는 그것이 내 삶에 어떤 영향을 미칠지 알 수 없다. 한참이 지난 후 삶을 되돌아보면 그때의 경험이 내 삶에 어떤 발자취를 남겼는지 깨닫고 놀란다.

서체 따위를 배워서 무슨 도움이 될까 하는 생각은 없었습니다. 그런데 10년 후 첫 번째 매킨토시 컴퓨터를 구상할 때 그게 필요해졌습니다. 우리는 서체에 관해 배운 걸 맥 설계에 반영했습니다. 이렇게 맥은 서체가 아름다운 최초의 컴퓨터가 됐습니다. 제가 대학에서 그 수업을 듣지 않았다면 맥은 다양한 서체와 적절한 폰트 간격을 갖지 못했을 것입니다.

우연한 공부, 작은 경험이 이후의 삶에 도움이 되는 일은 종종 벌어진다. 스티브 잡스는 서체 공부 경험을 들려주면서 지금 자신이 하고 있는 일이 어떻게든 미래와 연결될 것이라고 말한다. 그걸 믿어야 지금의 활동이 의미 있게 다가올 것이고 더 집중하며 노력할 수 있기 때문이다.

여러분은 앞을 내다보고 점을 연결할 수는 없습니다. 나중에 되돌아보면서 연결할 수 있을 뿐이죠. 그렇기 때문에 여러분은 각각의 점이 미래에 어떻게든 연결될 거라고 믿어야 합니다.

지난날 내가 했던 모든 일이 지금의 나를 만든 기반이 된다. 어찌 보면 당연한 말이다. 그런데 우리는 이 사실을 너무 쉽게 잊는다. 심지어 오늘의 나를 과거의 나와 동떨어진 사람으로 생각하곤 한다. 스티브 잡스는 그 연결에 대한 이야기를 하고 있다. 과거에 우리가 했던 활동 하나하나가 모두 점이다. 이 점들은 미래를 향해 연결되어 있고 그것이 내가 걸어갈 길이다.

과거의 점과 현재의 점을 거쳐 미래로 간다

스티브 잡스의 이야기를 분석한 끝에 말하기의 원리도 이와 다르지 않음을 발견했다. 말을 잘하려면 논리가 정연해야 한다. 논리에는 순서가 있고 순서에는 앞뒤가 있다. 앞과 뒤가 연결되고 과거와 현재, 미래가 하나의 주제로 관통될 때 논리성을 담보할 수 있다. 과거의 이야기로 현재를 해석하고 미래를 이야기할 수 있다면 그 말은 자신을 뛰어넘어 청중 다수를 움직이는 힘이 된다.

점들의 연결에 대한 잡스의 연설이 우리의 가슴에 살아 있는 이유는, 그 연설이 나의 미래를 개선할 수 있는 훌륭한 비전을 품고 있기 때문이기도 하다. 사람은 빛이 있는 미래를 갈망한다. 그 빛을 보여주는 이야기에 감동받고 영감을 얻고 자신감을 되찾는다. 그런 점에서 말하기에 필요한 것이 미래를 그려내는 능력이다.

우리가 흔히 오해하는 것이 있다. 이야기는 무조건 재미있어야 한다는 착각이다. 그러다보니 재미있는 스토리만 찾는다. 일상적인 재담 수준이라면 무방하다. 그러나 의미부여를 통해 감동을 선사해야 하는 말하기라면 재미는 없어도 그만이다. 중요한 것은 재미가 아니라 미래로 나아가는 징검다리를 놓을 수 있는가 하는 점이다. 그래야 의미 있는 말하기가 된다.

스티브 잡스의 이야기는 듣는 이를 빵빵 터뜨리는 이야기인가? 절대 아니다. 대신 그는 과거와 현재와 미래를 연결하며 이를 의미 있게 만든다. 그의 개인사를 통해서 우리가 지금 어디에 서 있는지, 어디로 가야 하는지, 무엇을 해야 하는지 알려준다. 이것이야말로 변화를 창조하는 말의 힘이고 우리 시대가 요구하는 능력이다.

스티브 잡스는 서체 공부를 통해 자신이 배운 것을 이렇게 정리한다.

저는 이런 생각을 버린 적이 없었고 그것이 저의 인생을 바꿔놓았습니다.

잡스는 내가 지금 하고 있는 일이 미래의 것과 연결될 것이라는 확신을 가질 수 있도록 자신의 경험을 설명하는 방법을 사용했다. 자신의 경험을 미래의 비전과 연결시킨 것이다. 이런 능력은 설득력을 높이는 것은 물론 열정을 심어준다는 점에서 중요하다. 정보를 전달하는 것을 넘어선 상승감을 불러일으키는 말하기와 관련되기 때문이다.

이때 중요한 것은 자신의 경험 혹은 소재로 사용하는 내용들이 구체적이어야 하고 미래의 비전과 연결되어 있어야 한다는 것이다. 그리고 듣는 사람이 자신의 머릿속에서 그 연결을 선명하게 그릴 수 있어야 한다.

내 인생의 점들, 책

잡스를 통해 미래로 이끌어가는 말하기 방법을 알게 된 후 나의 지난 경험들을 미래를 그려내는 데 활용할 수 있게 되었다.

중학교 시절에는 고사성어 이야기들을 많이 읽었습니다. 고등학교 때는 그리스 로마신화에 빠져 지내기도 했고, 그 후에는 삼국지 같은 역사소설에 매료되었죠. 대학교에 가서도 달라지지 않았습니다. 한마디로 닥치는 대로 읽었다고 해야 할 듯합니다. 다른 친구들은 취업을 위해 노력하는데 책이나 읽고 있자니 불안하기도 했습니다. 하지만 지적인 갈망이 그 불안을 밀어냈습니다. 그 후에 어떻게 되었냐고요? 대학을 졸업하고 취업을 준비하느라 고생 좀 했습니다. 하지만 미친 듯이 읽었던 시절 덕분에 남들과 다른 직장생활을 할 수 있었습니다. 직장생활을 하면서도 읽기를 멈추지 않았고 그런 덕분에 책도 쓰고 강의하는 일도 가능했습니다. 지금 작가라는 직업을 가지게 된 것은 미래에 대한 두려움도 잊은 채 모두 미친 듯이 책을 읽던 그런 시절이 있었기 때문입니다. 여러분의 미래가 무엇인지 저는 알지 못하지만 지금 무엇에 빠져 있는지, 얼마나 매료되었는지를 알면 미래도 짐작할 수 있을 것입니다.

학창시절을 관통하는 하나의 주제가 있었다면 그게 책이었다. 미래에 대한 두려움도 책에서 멀어지게 만들지 못했다. 덕분에 지금 글을 쓰며 살 수 있게 되었다. 미래를 그리는 것의 중요성을 깨닫고 난 후 변한 것이 있다면 과거에 대해 자신 있게 말하게 되었다는 점이다.

참, '점들의 연결'이라는 주제로 자소서를 썼던 그 학생은 다행히도 취직에 성공했다. 면접에서 자신의 경험을 앞으로 해야 할 업무와 잘 연결시켜서 이야기한 것이 도움이 된 것 같다고 했다. 미래에 대한 그림이 면접관들의 마음을 움직였음이 분명하다.

미래를 그리는 말하기

❶ 자신의 경험을 이야기한다.

❷ 경험들이 지금 혹은 미래와 어떤 연관성이 있는지 설명한다.

❸ 사람들에게 어떤 생각, 어떤 행동을 해야 하는지 알려준다.

거인의 말

8.

알을 깨뜨려

넓은 세계 보여주기

누가 쥐를 더 많이 잡을까?

우리는 자기의사를 똑 부러지게 말하는 것이 손해 보지 않는 방법이라고 생각하는 경향이 있다. 물론 그럴 때가 있다. 반대로 일도양단식 말하기는 흑백논리의 위험성도 안고 있다. 하나가 옳으면 반대편의 것은 무조건 틀리다는 식의 흑백논리는 상황이 변하면 금방 허구임이 드러날 수 있기 때문이다.

고양이가 검든 희든 그건 문제가 안 됩니다. 쥐를 잘 잡는 고양이가 좋은 고양이입니다.

덩샤오핑의 흑묘백묘론이다. 1970년대 중국은 내부 동력을 잃어가고 있었다. 문화대혁명으로 사회적 에너지는 바닥났고 국민들은 미래를 부정적으로 바라보았다. 이때 미국 방문길에 오른 덩샤오핑은 자유 진영이 한복판을 거닐며 자본주의적 발전방식과 자유가 주는 풍요로움에 자극받는다. 그리고 '검은 고양이든 흰 고양이든 쥐만 잘 잡으면 된다'는 말로 지친 국민들을 일깨운다.

그의 말은 공산주의냐 자본주의냐를 따질 것이 아니라 국민 삶의 질을 높일 수 있다면 적극 수용하겠다는 의미였다. 덩샤오핑의 발언 이후 중국은 정치적으로 공산주의를 유지하면서도 경제적으로는 개방정책과 자본주의를 택하며 국가 발전을 도모한다. 오늘날 우리는 메이드 인 차이나가 없는 세상을 상상하기 힘들다. 덩샤오핑의 한마디는 오늘의 이런 상황을 만든 놀라운 조치였다.

흑묘백묘론은 우리나라 정치인들의 입방정에 가까운 발언과 비교하면 그 진가가 드러난다. 나 아니면 할 사람이 없다, 너는 안 된다는 식의 벽창호 같은 주장이 연일 국민의 대표라는 사람들 입에서 오르내리는 사정을 감안하면 더 귀한 말일 수밖에 없다.

핵전쟁을 막은 케네디의 말

1959년 피델 카스트로는 쿠바혁명을 성공시킨다. 군부독재를 밀어낸 카스트로는 사회주의를 지향하고 있었고 당시 강대국이었던 구 소련과 긴밀히 협력했다. 쿠바와 구 소련의 밀담은 미국을 긴장시켰다. 소련은 쿠바를 보호한다는 명목으로 쿠바 본토에 미사일기지를 건설했다. 군비경쟁이 한창이던 그 시절 미국 앞마당에 세운 미사일기지는 핵전쟁이 임박했음을 암시하는 비상사태였다.

존 F. 케네디 당시 미국 대통령은 대국민 연설을 통해 중대 발표를 한다.

> 미국은 쿠바에서 서방세계를 겨냥해 배치된 미사일을 미국에 대한 소련의 공격으로 간주할 것입니다.

미국의 입장을 선언하며 시작된 그의 연설은 당부와 호소로 이어진다. 당시 소련의 총리였던 흐루시초프에게 세계 평화를 위협하는 무모한 도발을 멈추고 양국관계를 안정화시켜 줄 것을 당부하고 나아가 기지 건설 중단을 통해 군비경쟁을 멈추면 인류역사를 완전히 바꿀 수 있다고 호소한다.

> 1930년대는 우리에게 확실한 교훈을 주었습니다. 공격적인 행위를 내버려두면 결국 전쟁으로 이어진다는 사실입니다. 미국은 전쟁을 반대합니다. 또한 약속을 지키는 국가입니다. 따라서 미국을 비롯한 다른 국가에 대한 미사일 사용을 막고 서반구에서 미사일을 철수하게 하는 것이 우리의 변함없는 목표가 되어야 합니다.

발표문의 주요 골자는, 미국은 쿠바나 소련을 공격할 의사가 없고 소련의 미사일 배치는 미국을 향한 것으로 그 책임은 소련에게 있다는 내용이다. 그리고 미국은 전쟁을 반대하며 소련 또한 그럴 것이라고 믿기에 핵전쟁의 위기를 만들 필요가 없음을 강조했다. 이 발표는 즉각 효과를 나타냈다. 쿠바로 향하던 소련의 선박은 미사일을 그대로 싣고 자국으로 되돌아갔다. 말 한마디가 핵전쟁의 먹구름을 걷어냈다.

사람들은 자기 입장에서 생각하는 경향이 강하다. 자기가 보는 것, 느끼는 게 전부라고 여긴다. 자기라는 프레임에 갇힌다. 자기 인생, 자기 일, 자기 가족밖에는 생각하지 못한다. 좁은 시야를 가진 사람들이 모여 사는 곳에는 갈등이 잡초처럼 자란다. 생각이 다르면 틀렸다고 생각한다.

조화를 말하고 화합을 얘기하는 사람의 언어가 충격으로 다가올 때가 있다. '내가 나만 생각했구나', '나는 우물 안 개구리였구나', '더 큰 가치가 있구나' 하고 깨달음이 올 때가 있다. 화합의 언어는 우리를 좁은 세상에서 넓은 세상으로 나아가게 하는 문이 된다. 내가 거주하는 1평짜리 집을 나서면 가슴이 탁 트이고 멋진 세상에 들어왔다는 희열을 느끼게 된다. 케네디의 연설 역시 '경쟁'이라는 프레임에 갇힌 흐루시초프에게 '공존'의 넓은 세계로 나아가도록 만든 열쇠였다.

거인의 말

생각 뒤집기

말하기의 달인들은 타인의 생각을 무턱대고 추종하지 않는다. 인기에 영합하는 말은 일순간 환영받을지 모르지만 현재의 갈등을 봉합하지 못하고 도리어 분열을 가중시킬 때가 많다. 그렇다고 상식적인 생각들을 무시해서도 곤란하다. 사람은 본능적으로 나와 다른 생각을 경계한다. 마음에 빗장을 걸고 있으면 아무리 좋은 말도 귓등으로 듣게된다. 관건은 상식적 생각들을 알고 그에 눈높이를 맞추면서도 그들에게 더 큰 세상을 보여주는 데 있다.

어떻게 해야 할까? 사람들을 더 큰 생각의 세계로 인도하려면 무엇이 필요할까? 갇힌 프레임을 뚫고 열린 세상으로 안내하려면 보다 큰 그림을 보여주어야 한다. 그때 사용하는 방법이 사람들이 가진 생각을 역으로 뒤집는 기술이다.

스티브 잡스가 사람들을 각성시킨 메시지는 죽음에 관한 것이었다. 스탠퍼드 졸업식 축사에서 그는 자신이 췌장암에 걸렸고 병마를 이겨냈다는 이야기를 들려준다. 그 과정에서 죽음에 대한 비범한 철학을 언급한다.

죽음은 우리 모두가 맞이해야 하는 종착지입니다. 어느 누구도 죽음을 피하지 못했고, 앞으로도 그럴 것입니다. 왜냐하면 죽음은 삶에 있어 최고의 발명이기 때문입니다. 죽음은 삶을 바꾸는 대리인입니다. 죽음은 낡은 것을 치워 새로운 것에 길을 열어줍니다. 지금 이 순간 새로운 것은 여러분이지만 머잖아 여러분도 낡은 것이 되고 치워질 것입니다.

상식적 관점에서 죽음은 사람들이 꺼리는 말이다. 죽음은 나쁜 것이고 삶은 좋은 것이다. 스티브 잡스는 사람들이 가진 죽음에 대한 부정적인 인식을 깨부순다. 그리고 죽음의 사신을 돌려보낼 수 있는 사람은 없다고 말한다.

여러분한테 주어진 시간은 제한되어 있습니다. 그러니 다른 사람의 삶을 사느라 시간을 낭비하지 마십시오. 도그마의 함정에 빠지지 마십시오. 그건 다른 사람이 생각한 대로 사는 것입니다. 여러분 안의 소리가 다른 사람들이 내는 시끄러운 소리로 묻히지 않게 하십시오. 중요한 것은 용기 있게 여러분의 마음의 소리와 직관을 따르는 것입니다.

인생은 한 번뿐이다. 그러니 자기 인생을 살아라. 누구나 하는 말들이고 쉽게 들을 수 있는 이야기다. 그런데 스티브 잡스가 하는 말은 흔한 훈계에 그치지 않고 충격과 여운을 남긴다. 왜 그럴까? 죽음에 대한 선입견을 깼기 때문이다. 죽음은 나쁜 것, 싫은 것이라는 선입견이 깨지는 순간 청중들은 이미 스티브 잡스의 이야기를 받아들일 준비가 된다. 평범한 주장도 어떤 작업이 선행되느냐에 따라 특별한 이야기로 변모할 수 있음을 보여주는 좋은 사례다.

프랑스의 시인 폴 발레리는 '생각하는 대로 살지 않으면 사는 대로 생각하게 된다'고 했다. 이 말이 사람들에게 기억되는 이유는 기존의 인

거인의 말

식을 깨부수는 망치가 숨어 있기 때문이다. 이 말을 접한 사람들은 자신이 사는 대로 생각하고 있음을 발견한다. 이런 충격은 곧 자기 성찰과 반성을 낳고 결심으로 이어진다. 말과 글이 목적을 달성하려면 먼저 충격을 줘야 한다. 그 방법 중 하나가 평범한 생각의 틀을 깨고 보다 크고 넓고 깊은 세계를 보여주는 것이다.

공부는 경계를 넘어서는 것

인식을 넓혀서 더 큰 세상을 보게 하는 것이 중요하다는 사실을 알게 된 후 나의 말하기에도 이를 적용해 보았다. 그 중 하나가 공부를 설명하는 방법이다.

공부는 새로운 개념을 배우는 것이 아니라 알고 있는 개념의 경계를 무너뜨리는 것입니다. 왜냐하면 급격히 변하는 시대에 하나의 고정된 개념에 갇혀 있으면 생각이 고착되기 때문입니다. 배울수록 경계를 허물어야 합니다.

공부를 '개념 배우기'에서 '경계 허물기'로 바꿔 정의하며 새로운 시야를 열어준다. 그런데 누가 봐도 딱딱하고 재미없는 방법이다. 최근에는 그림을 보여주는 방식을 결합시켰다. 먼저 1970년대에 초등학교에서 쓰던 2인용 책상 사진을 하나 보여주며 이야기를 꺼낸다. 사진 속 책상에는 한가운데에 금이 그어져 있다.

이 사진은 제가 어릴 때 공부하던 책상의 모습을 닮아 있습니다. 우리는 선을 긋고 내 것과 네 것을 구분했습니다. 나중에 알게 된 사실입니다만 공부란 게 이렇게 선을 긋는 것과 똑같은 것이었습니다. 세상에서 하나를 떼어내서 선을 긋고는 그것에 이름을 갖다 붙이는 것이 공부였습니다. 그것을 개념 혹은 지식이라고 부르면서 말입니다.

이렇게 공부라는 것이 종류별로 나누고 가른 개념을 익히는 것이고 그것을 많이 아는 것이 공부를 잘하는 것인 줄 알았다는 이야기를 들려준다. 그런 후에 요즘 시대에는 공부의 성격이 달라졌음을 말한다.

그런데 요즘 시대에는 개념을 외우는 공부가 별 의미가 없게 되었습니다. 요즘은 하나를 아는 것이 아니라 그것을 다른 것과 연결하는 것이 중요하기 때문입니다. 이것을 창의성이라고 하더군요. 내가 아는 것을 다른 것과 연결해서 새로운 것으로 만들 수 있는 능력 말입니다. 그런 점에서 요즘의 공부는 선을 긋고 경계를 만드는 것이 아니라 경계를 허무는 것이 되어야 할 것 같습니다. 많이 아는 사람일수록 자신이 알고 있다는 생각에 갇혀서 새로운 생각을 못 합니다. 그래서 경계를 허물고 새로운 지식과의 만남을 준비하는 것이 중요할 것입니다.

이런 방법은 효과가 좋았다. 공부가 뭔가를 배우고 아는 것이라고 생각하던 사람들에게 아는 것의 경계를 허물고 다른 것들을 받아들일 수 있는 새로운 길로 안내하기 때문일 것이다. 이렇게 개념을 확장하거나 사람들이 생각하지 못했던 곳으로 이야기가 펼쳐질 때 사람의 마음은 각성된다.

생각의 한계 깨뜨리기

❶ 상식적인 생각을 환기시킨다.

❷ 역설을 활용하거나 더 큰 생각을 알려준다.

❸ 사람들의 머릿속에 큰 그림을 그려준다.

거인의 말

2
부

———

쥐락펴락,
스토리를 품고 있는
그들의 말하기

———

1.

현장감을 느꼈다면,

그건 이야기 때문

TED에서 배운다

말하기를 연구하다 보니 달변가들의 동영상을 즐겨 찾게 된다. 기억에 남는 강연 가운데 하나가 〈100일 동안 거절당하며 배운 것(What I learned from 100 days of rejection)〉이라는 제목의 동영상이었다. 강연자 지아 지앙(Jia Jiang)은 거절 경험을 통해서 배운 교훈을 흥미롭게 들려주었는데 내용이 너무 재미있어서 여러 번 돌려보았다. 그리고 그의 말이 재미있는 이유를 발견했다.

이야기의 시작은 그의 어린 시절 교실로 돌아간다. 아이들에게 칭찬 습관을 길러주고 싶었던 선생님은 한 가지 게임을 떠올린다. 아이들끼리 서로 칭찬을 하게 하되 칭찬받은 아이는 선물을 받고 자리로 돌아간다. 다시 누군가 칭찬을 하고 선물을 받으며 게임을 이어간다.

> 마흔 명의 아이들이 있었습니다. 매번 칭찬을 받을 때마다 누군가 선물을 들
> 고 자리로 돌아갔습니다. 그 후 스무 명이 남았고, 열 명이 남았고 다섯 명이
> 남았고 세 명이 남았습니다. 제가 그들 사이에 포함되었죠. 그리고 칭찬은
> 더 이상 없었습니다. 저는 울고 싶었고 선생님도 난감해하셨습니다.
> "누가 여기 이 친구들에게 좋은 말 좀 해줄 수 없을까?"

선생님이 느끼는 곤란함과 긴장감이 고스란히 전해진다. 아무도 입
을 열지 않자 선생님이 나선다.

> "아무도 없어? 그럼 그냥 선물을 들고 자리로 돌아갈래? 다음부터 친구들에
> 게 좀 잘하렴."

재미있어야 할 칭찬게임이 그에게는 불쾌한 기억으로 남았다. 이 사
건 이후 그는 거절당하기에 대한 두려움을 갖게 되었다고 고백한다.
자신의 부끄럽고 안타까운 모습을 사람들에게 보여주며 자연스럽게
주제를 꺼낸다. 그가 말하고자 한 주제는 거절이었다.
이 영상은 우리가 자신의 이야기 혹은 경험을 말할 때 어떻게 다루어
야 하는지 잘 보여준다. 상황 설명과 적절한 대화체로 이야기를 끌어
가면서 자연스럽게 주제와 연결시키는 방식이 아주 탁월하다. 그의 비
결은 바로 이야기였다.

사람들에게 생각을 전달할 때 가장 유용한 것이 이야기다. 이야기에는 주인공이 있고 사건이 있다. 주인공을 따라 사건 속에 발을 담근 순간, 우리는 이상하게 주인공 입장에서 사건을 느끼기 시작한다.

대화체가 필요해

지아 지앙의 이야기를 좀 더 들어보자. 거절에 대한 두려움으로 힘들어했던 그는 자기 인생을 리셋할 기회를 얻는다. 그 기회란 거절치료라는 프로그램이었고, 어이없게도 그 방법은 100일 동안 매일 한 번씩 거절을 당해보는 것이었다. 첫날 해야 할 일은 황당 자체였다. 낯선 사람에게 100달러 빌리기. 등허리로 땀이 주르르 흐르는 가운데 그는 회사 1층으로 가서 덩치 큰 남자에게 다가갔다.

그냥 걷고 있었지만 제 인생에서 가장 긴 시간이었습니다. 머리칼이 쭈뼛 섰고 식은땀이 흘렀고 심장이 쿵쾅거렸습니다. 그 남자 앞에 도착했습니다.

"실례지만 100달러만 빌릴 수 있을까요?"

그는 저를 쳐다보며 말했습니다.

"안 돼요. 그런데 무슨 일이죠?"

"죄송합니다."

이렇게 말한 저는 부리나케 자리에서 도망쳤습니다.

거인의 말

객석에서 웃음이 터졌다. 처음 만난 사람에게 100달러를 빌린다는 것 자체가 우스꽝스러운 일인데다가 그가 자신의 행동을 표현하는 말들이 마치 영화를 보는 듯 선명하게 그려졌기 때문이다.

여기서 그의 말하기가 가진 매력을 발견할 수 있다. 그것은 바로 대화체다. 중요한 장면을 구체적으로 보여주어야 할 때 그는 대화체를 삽입하여 청중들이 1인 연극을 보듯 장면을 그려낼 수 있도록 돕는다. 이런 방법은 현장감을 높여준다. 마치 그 덩치 큰 남자 앞에서 상황을 지켜보는 듯한 착각에 빠뜨린다.

생동감을 주는 데는 단어선택도 한몫하고 있다. 자신의 기분과 느낌을 설명할 때 구체적인 단어와 표현을 사용한다. 낯선 사람에게 돈을 빌리러 가는 긴장감을 '그냥 걷고 있었지만 제 인생에서 가장 긴 시간'이라는 직관적인 말로 표현했고, '머리칼이 쭈뼛 섰고 식은땀이 흘렀고 심장이 쿵쾅거렸다'는 구체적인 단어들을 사용했다. 앞으로 닥칠 난감한 상황을 잘 알고 있는 관객들은 그의 살 떨리는 기분을 고스란히 느끼며 손에 땀을 쥔다.

둘째 날의 도전은 햄버거 리필하기였다. 햄버거를 다 먹고 점원에게 리필해달라고 하면 어떻게 될까? 점원은 햄버거 리필이 뭔지도 모르고 있었다. 그런 일이 한 번도 없었기 때문이었다. 결국 거절이었다.

세 번째 도전이 그의 인생을 바꾸었다. 그날 미션은 도넛가게에서 올림픽 도넛을 만들어달라고 하는 것이었다.

"올림픽의 오륜마크처럼 생긴 도넛을 만들어 주실 수 있을까요?"

해줄 리가 없겠죠? 하지만 그는 저의 말을 진지하게 받아들였습니다. 종이를 꺼내서 색깔과 원을 맞추어 그리더군요. 얼마간 어떻게 만들지 고민하더니 15분 후 올림픽 마크가 들어있는 커다란 상자를 들고 나왔습니다.

여기서 그의 말하기 방식이 주는 또 다른 교훈을 짚고 넘어가야 할 것 같다. 그는 여러 개의 이야기를 하나씩 나열한다. 처음 실패한 이야기, 두 번째 거절당한 이야기, 세 번째 도전한 이야기. 이런 식으로 이야기를 나열하고 있다. 물론 첫 번째와 두 번째는 실패한 이야기가 될 것이고 세 번째 이야기는 성공한 이야기가 될 것이다. 여러 번의 실패 후에 성공에 이르렀다는 게 그의 말하기 순서이기 때문이다.

여러 개의 이야기를 듣는 과정에서 청중들은 재미와 긴장감을 동시에 느끼고 다음은 어떤 황당한 도전에 나설까 하는 기대감도 품는다. 첫 성공의 순간에 이른 그는 자연스럽게 메시지를 던진다.

그 후 저는 '아니오'라고 거절을 당해도 '예'라고 바꿀 수 있다는 것을 배웠습니다. 그 비결은 바로 '왜?'라는 말에 있습니다.

이야기를 끌어가는 목적은 메시지를 전달하기 위해서다. 그가 전달하려 했던 메시지는 거절에 익숙해져야 한다는 것이며 지금과는 다른 방법을 사용하면 거절을 승낙으로 바꿀 수 있다는 것이다. 그가 말하는 다른 방법이란 '왜?'라는 질문 던지기다.

어느 날 손에 꽃나무를 들고 낯선 집에 가서 문을 두드리고 물었습니다.

"이 꽃을 댁의 뒤뜰에 심어도 될까요?"

대답은 '아니오'였습니다. 하지만 저는 포기하지 않고 물었습니다.

"왜 안 되는지 알 수 있을까요?"

그는 자기가 키우는 개가 뒤뜰을 파헤치기 때문이라고 대답했습니다.

"꽃을 심고 싶다면 길 건너 코니라는 사람에게 가보세요. 그는 꽃을 좋아해
요."

저는 시키는 대로 했습니다. 30분 후 저는 코니의 뒤뜰에 꽃나무를 심었습
니다.

　자신의 노하우를 단지 개념적으로 전달하는 데서 그치지 않고 성공
한 경험을 구체적으로 들려준다. 남의 집 뒤뜰에 꽃나무를 심는 이야
기는 황당하지만 이제 우리는 그의 도전이 더 이상 황당하지 않다. 이
런 마인드와 노하우라면 우리도 거절의 두려움을 극복할 수 있을 것 같
기 때문이다. 그것도 재미있게.

왜 안 되나요?

유쾌한 오뚝이맨 지아 지앙에게서 배운 스토리 활용법을 요즘 강의에서 자주 써먹고 있다. 나의 경험에서 거절을 당했거나 실패했던 이야기를 꺼내면서 이야기는 시작된다.

여러분께서는 제가 책을 쓰는 일을 당연하게 여기고 계실 겁니다. 직업이 작가니까요. 하지만 처음부터 작가는 아니었습니다. 작가가 되기 위해 어려움이 많이 있었다는 이야기입니다. 특히 처음 책을 낼 때 쉽지 않았습니다. 몇 년을 노력해서 원고를 썼습니다. 그리고 출판사에 출간해줄 수 있느냐고 의뢰했습니다. 당연히 '안 되겠다'고 되돌아왔습니다. 다른 출판사에 다시 의뢰했습니다. 또 '안 되겠다'는 대답을 들었습니다. 이런 거절의 경험을 몇 번 거치고 나자 자신의 능력에 대한 좌절감이 컸습니다. 포기할까 생각도 했습니다. 그러다 도대체 왜 안 되는지 이유라도 알고 싶다는 생각이 들었습니다. 그래서 거절해온 출판사에게 물었습니다.
"왜 출간이 안 되는지 이유를 알 수 있을까요?"
출판사에서 이유를 알려주더군요.
"글이 재미가 없습니다."

거인의 말

그제야 저는 제 글이 재미없다는 사실을 알게 되었습니다. 그 후 재미있는 글이 되도록 고쳤습니다. 다시 다른 출판사에 보냈습니다. 이번에는 "시대에 맞지 않다"는 대답이 돌아왔습니다. 그래서 시대에 맞는 내용이 가미되도록 고쳤습니다. 이렇게 거절당하고 고치는 일을 반복했습니다. 무려 열두 번이나. 그리고 열세 번째 출판사에 투고했을 때 이런 대답을 듣게 되었습니다.

"좋은 원고 보내주셔서 감사합니다. 계약하고 싶습니다."

이런 경험을 통해서 저는 알게 되었습니다.

"일이 틀어지는 데는 이유가 있다. 그 이유를 알아내고 개선하면 일은 잘될 수 있다."

바로 이것이 제가 거절의 경험을 통해서 얻은 교훈이었습니다.

누구나 자신의 스토리가 있다. 그 스토리는 자신의 것이기에 특별하다. 하지만 그 이야기가 타인에게도 특별한 느낌으로 다가서게 하려면 말하기 방법을 잘 선택해야 한다. 이야기의 구조를 빌려와야 하고 대화체를 넣어 생동감을 선사해야 한다. 스토리가 탄탄하게 구비되면 듣는 이는 이야기에 매료되고 그 속으로 빨려 들어간다. 여기에 중요한 삶의 교훈까지 전달할 수 있다면 더할 나위 없는 말하기가 된다.

❶ 주제와 관련된 자신의 경험으로 말문을 연다(실수했거나 실패했던 이야기가 좋다.).

❷ 대화체를 적절히 활용하여 내용을 구성한다.

❸ 어려움을 극복할 수 있었던 이유를 설명한다.

❹ 경험을 통해서 깨달은 교훈을 메시지로 정리한다.

2.

이야기에

의미를 부여한다

이야기의 의미

말하기를 부담스러워하는 이유 가운데 하나는 상대방에게 도움이 되는 메시지를 남겨야 한다는 생각 때문이다. 이런 부담은 긴장을 불러오고 자신의 생각을 충분히 펼치지 못하는 원인이 된다. 말하기 달인들도 부담이 없는 건 아니다. 그들은 어떻게 극복할까?

좋은 방법 중 하나는 잘 아는 얘기로 화제를 국한시키는 것이다. 알지도 못하는 어려운 이야기를 끌어들이는 것은 자기 무덤을 파는 것과 다를 바 없다. 그런데도 많은 사람들이 곡괭이를 들고 연단에 선다. 자신이 알고 있는 이야기를 너무 하찮게 여기기 때문이다. 반면 말하기 선수들은 자신의 경험에서 이야기의 소재를 가져와서 메시지를 던진다.

그의 경험이 특별해서 그런 게 아니라 자기 경험을 이야기하는 게 제일 쉽기 때문이다. 말을 잘하려면 자신의 경험을 다룰 수 있어야 한다.

그래도 문제는 여전히 남아 있다. 소재로 삼은 내 경험에 어떻게 의미를 부여해야 할까? 사람 사는 게 별로 다를 것 없고 내 경험 역시 그다지 특별하지 않다. 이것이 문제다. 아무리 멋진 경험을 맛보았더라도 교훈이나 의미를 찾아내지 못한다면 어디 쓸 데가 없다.

경험을 말하는 순서

미해군 특수임무부대인 네이비 실(Navy Seals)에서 36년간 복무하고 퇴임한 사성장군의 연설을 들은 적이 있다. 그는 처음 군인이 되어 6개월간 치른 고통스러운 훈련을 회고한다. 이 훈련의 목표 가운데 하나는 훈련병의 정신적, 육체적 약점을 집요하게 공략, 신병을 한계상황에 몰아넣어 낙오시키는 데 있었다. 물론 그는 생존자 중 한 명이었고, 이를 통해 고난을 극복하고 살아남을 수 있는 힘을 얻게 되었다고 말한다.

군대는 없는 꼬투리라도 찾아서 괴롭히는 곳처럼 보일 정도로 까다로운 조직이다. 기상나팔과 함께 각 진 모자를 쓴 교관들이 등장하여 가장 먼저 침대를 검사한다. 제대로 정돈이 되었는지 꼼꼼하게 살피는데 흐트러진 곳이 발견되면 질책과 함께 벌칙을 각오해야 한다. 그가 복무한 곳이 평범한 군대도 아닌 네이비 실이니 군기를 잡는 그 초년

거인의 말

시절이 악몽 같았을 것은 불 보듯 뻔하다. 그런데 왜 침상을 정돈하는 일에 목숨을 걸어야 할까? 그게 훌륭한 군인이 되는 일과 무슨 상관이 있을까? 퇴임 사성장군은 그 사소한 일과에서 중대한 의미를 건진다.

하지만 침대를 정돈하는 그 작은 행동이 저 자신에게 얼마나 좋은 영향을 끼치는지 여러 차례 체감했습니다. 매일 아침 침대 정돈을 한다면 여러분은 그날의 첫 과업을 완수하게 되는 것입니다. 그것은 여러분에게 자그마한 뿌듯함과 다른 과업들을 수행할 용기를 줄 것입니다. 그리고 하루의 끝에서 완수된 과업의 수가 하나에서 여럿으로 변해 있을 겁니다.

이것이 그가 생각하는 침대 정돈의 의미와 가치다. 첫 과업을 잘 수행하는 것이 뿌듯함을 주고 다른 과업 수행에도 도움을 준다는 설명이다. 듣고 보니 옳은 말이다. 아침에 어떤 마음가짐으로 일어나서 어떻게 행동하느냐에 따라 하루를 대하는 태도가 달라지고 결과도 달라진다. 그의 말이 이어진다.

침대를 정돈하는 일은 또한 인생에 사소한 일이란 없다는 사실을 깨닫게 해줍니다. 작은 일을 제대로 해내지 못하면 큰 일 역시 절대 제대로 해내지 못할 겁니다. 그리고 혹시나 비참한 하루를 겪었다면 여러분은 집에 돌아와 정돈된 침대를 마주하게 될 것입니다. 그 정돈된 침대가 여러분에게 내일은 나을 거라는 격려를 해줄 것입니다.

하나를 보면 열을 안다고 했다. 작은 일을 제대로 하지 못하면 큰 일 또한 제대로 할 수 없다. 그러니 작은 일부터 제대로 할 수 있어야 한다. 구구절절 옳은 말 같다. 침대를 정돈하는 사소한 행위가 얼마나 중요한지에 대한 그의 설명은 탁월하다. 자신의 경험에 의미를 부여하는 능력은 같은 경험을 공유한 사람들에게 큰 깨달음으로 다가간다.

그러니 세상을 변화시키고 싶다면 침대정돈부터 하십시오.

그가 말하는 방식은 '내 경험 말하기'의 훌륭한 모범을 보여준다. 그의 말하기 방식을 정리해보자. 먼저 자신의 경험을 이야기한다. 그리고 경험들이 어떤 의미가 있는지 알려준다. 청중에게 자기 경험을 권하면서 마무리한다. 이것이 내 경험을 표현하는 멋진 방법이다.

의미를 찾는 방법

오프라 윈프리를 보자. 그녀는 장기간 토크쇼를 진행해 왔다.

저는 지금까지 35,000번의 인터뷰를 했습니다. 그런데 카메라가 꺼지자마자 사람들은 늘 저에게 똑같은 질문을 던졌어요. '괜찮았어요?'

그녀가 만난 사람들은 대통령이든 나라를 구한 영웅이든 범죄피해

자든 팝스타든 어느 누구 할 것 없이 하나같이 궁금증을 못 참고 물었다. 제 인터뷰가 어땠어요?

친구, 적, 가족 등 그 누구든지 모든 논쟁과 모든 만남과 모든 교류에서 그들이 모두 알고 싶어 하는 것은 단 하나입니다. "괜찮았어요?"

사람들은 자신이 잘했는지, 남들에게 어떻게 보였는지, 자신의 이야기가 잘 전달되었는지 알고 싶어 한다. 사람은 자신을 가장 중요시한다. 그녀의 경험은 이렇게 한 줄로 요약된다. 이 경험에 대해 그녀가 어떤 의미를 부여하는지 들어보자.

"내 말을 들었나요? 당신은 나를 보나요? 내가 말한 것이 당신에게 어떤 의미가 있었나요?"
이것이 그들의 관심사입니다. 그래서 저는 여러분이 더 많은 사람들과 대화하기를 바랍니다. 그들이 여러분과 다른 의견을 가지고 있다고 하더라도 말입니다.

사람들은 자신의 말이 다른 사람들에게 제대로 전달되기를 바란다. 그리고 자신을 이해해주기 바란다. 그것을 안다면 다른 사람과 어떤 자세로 이야기를 주고받고 어떤 마음으로 그들을 대해야 하는지 답을 얻을 수 있다. 그때 서로 이해받고 공감하며 함께 중요한 문제를 풀어나갈 수 있는 관계가 된다. 그녀가 하고자 했던 이야기는 이것이었다.

'사람들의 최우선적 관심사는 자기 자신이다. 그러므로 우리는 타인을 대할 때 그 사람에게 관심을 기울여야 한다. 그때 우리는 좋은 관계를 맺을 수 있다!'

그런데 궁금하다. 그녀는 어떻게 개인적 체험에서 이런 의미를 찾아낼 수 있었을까? 내 경험에 따르면 방법은 쉽다. 묻는 것이다. 왜? 이렇게 물으면 답이 나온다. 물론 자판기처럼 질문만 넣는다고 단박에 답이 데구루루 떨어지지 않는다. 몇 차례 반복해야 한다. 그러면 답은 꼭 나온다.

안타깝게도 사람들은 질문 던지기에 인색하다. 혹은 게으르다. 군인들 역시 매일 침상 검열을 받으면서도 왜 정리해야 하는지 이유를 묻지 않는다. 해야 하는 일은 갈수록 많아지는데 왜 해야 하는지 궁금해하지 않는다. 의미를 찾아내는 사람과 그렇지 않은 사람의 차이다. 묻자, 그러면 답이 나온다. 이것이 의미를 찾는 유일한 방법이다.

돈키호테의 눈

성험의 의미를 발견하는 방법은 나의 눈을 띄워주었다. 나는 이 눈을 '돈키호테의 눈'이라고 부르고 있다. 돈키호테의 눈이란 주어진 것에서 자신과 관련된 의미를 발견하는 눈을 말한다.

돈키호테는 기사도 소설을 너무 많이 읽어 현실과 책 속의 이야기를 분간하지 못하는 지경에 이른다. 자신이 기사가 되어 명예를 얻는 환상에 빠지면서 문제가 꼬이기 시작한다. 풍차가 괴물로 보이고, 허름한 여관이 성으로 보인다. 덕분에 풍차를 공격하다 다치기도 하고 여관주인을 여왕으로 모시며 우스꽝스런 광경을 연출한다. 이런 장면만 보면 돈키호테는 어리석거나 미친 사람임에 분명하다. 하지만 그에게는 세상 누구도 갖지 못한 눈이 있었다.

이 눈은 세상만물을 자신과 관련지어 파악한다. 풍차가 괴물로 보이는 것은 괴물을 무찔러야 훌륭한 기사가 될 수 있기 때문이다. 여관이 성으로 보이는 것은 기사는 성주가 되어야 하며 여왕에 충성하며 공주를 보호해야 하기 때문이다.

돈키호테의 눈은 전문가의 눈을 의미한다. 전문가들은 무엇을 보고 무엇을 경험하든 자신과 관련된 주제를 발견한다. 소설가들은 우연히 만난 사람들을 이야기 속 주인공으로 만들고, 패션디자이너는 행인들의 옷차림에서 돌아오는 계절의 유행을 읽어낸다. 평범한 일상에서 자기 일과 연관된 요소를 추출해내는 힘, 돈키호테의 눈이다.

요즘 자기소개서에 자주 등장하는 항목이 하나 있다. 자신의 경험에서 힘들었던 일과 이를 극복했던 방법에 대해서 작성하라는 내용이다. 이제 취준생들은 혼란스러워진다. 어떤 경험을 써야 할까? 아무리 머리를 굴려도 힘들었던 경험이 떠오르지 않는다. 왜일까? 이들은 힘들었던 경험을 위인 수준의 엄청나게 놀라운 경험이라고 여기기 때문이다. 기업은 위인을 뽑는 곳이 아니다. 설령 나라를 구했더라도 그 경험은 이 자리에 적합하지 않을 뿐 아니라 그 어떤 기업도 영웅담을 적어내지 않았다고 탈락시키지 않는다. 이보다 중요한 것은 나의 경험이고 이 경험에서 끄집어낸 의미다. 아무리 큰 경험도 의미를 추출하지 못하면 아무짝에도 쓸모없다. 반면 사소한 경험에서도 의미를 드러낼 수 있다면 이야기는 끝난다. 핵심은 놀라운 이야기에 있는 것이 아니라 이야기의 의미에 있다. 그 의미를 발견하려면 반복해서 '왜?'라고 물어보자.

경험의 의미를 발견하고 말하는 방법

❶ 자신의 일상적인 경험들을 살펴본다.

❷ 그것이 어떤 의미가 있는지 물어본다(왜 그럴까?).

❸ 교훈이나 메시지로 정리해서 알려준다.

거인의 말

3.

죽은 이야기도

부활시키는 갈등

해피한 삶은 재미가 없다

'그후로 오랫동안 행복하게 살았답니다.'

동화 속의 주인공들은 시련을 경험하고 극복하면서 소망을 이루고 행복한 삶에 도달한다. 동화책을 읽다보니 궁금증이 도진다. 왜 행복하게 산 이야기는 자세히 들려주지 않을까? 곰곰이 생각한 끝에 결론을 내렸다. 재미가 없기 때문. 행복한 삶은 누구나 바라는 일이지만 듣는 사람에게는 별로 즐거움을 선사하지 못한다.

남자들이 입만 열면 꺼내는 화제가 군대란다. 왜 그럴까? 힘든 시절이었기 때문이다. 괴롭고 힘든 시절은 다시 돌아가고 싶지 않지만 사람들에게 들려줄 수 있는 멋진 이야깃거리가 된다. 반면 평화롭고 행복한 경험은 지루하다. 명강사들이 자주 활용하는 소재도 고난의 시절 이야기다. 그 시절이 있었기에 지금의 내가 있다는 레퍼토리는 식상할 만큼 흔하지만 또 그만큼 잘 소비되는 소재도 없다. 역경과 극복의 레퍼토리는 오늘도 새생산된다.

이야기의 생명은 갈등이다

애플은 제가 서른 살 되기 한 해 전에 최고의 작품인 매킨토시를 내놓았습니다. 그 이듬해 저는 쫓겨났습니다. 어떻게 자기가 설립한 회사에서 쫓겨날 수 있을까요?

스티브 잡스는 롤러코스터를 탔던 시절을 꺼내들었다. 세상을 깜짝 놀라게 할 만한 큰 성공을 거둔 후 자신이 설립한 회사에서 쫓겨난 사건이었다. 회사를 나온 후 그는 무엇을 해야 할지 몰라 몇 달간을 절망하며 방황했다. 도망칠까도 싶었다.

그러나 제 마음 속에서 뭔가가 꿈틀거리고 있었습니다. 예전에 하던 일을 여전히 사랑하고 있다는 것을 알았습니다. 애플에서 쫓겨나는 아픔을 겪었지만 저는 달라지지 않았습니다. 여전히 일을 사랑하고 있었습니다. 그래서 다시 시작하기로 결심했습니다.

거인의 말

그가 하고 있는 이야기는 전형적인 실패와 성공의 레퍼토리다. 그런데 사람들은 그의 말에 매료되고 빠져든다. 이유가 뭘까? 갈등 때문이다. 어떻게 그렇게 짧은 시간에 지옥과 천당을 오갈 수 있는지 사람들은 의아해하며 공감하고 안타까워하며 안도한다. 이런 감정의 롤러코스트를 탈 수 있게 만든 것이 바로 이야기 속의 갈등이다.

사람은 누구나 위기에 직면하고 좌절하는 경험을 겪는다. 이때 나의 앞길을 막거나 방해하는 그 요소의 등장이 갈등을 만든다. 경쟁자와의 갈등, 세상과의 갈등, 내면의 갈등까지 무수한 갈등이 모습을 드러내고 이런 갈등은 블랙홀처럼 듣는 이를 빨아 당긴다.

결과적으로 애플에서 쫓겨난 게 저한테는 약이 되었습니다. 성공에 대한 중압감에서 벗어나 가벼운 마음으로 다시 시작할 수 있었고 모든 것이 더 확실했습니다. 덕분에 제 인생의 가장 창의적인 시기 중 하나로 편하게 진입할 수 있었습니다.

스티브 잡스는 고난의 시간이 새로운 세상으로 들어갈 수 있는 열쇠였다고 말한다. 갈등을 이겨내는 과정에서 새로운 세상으로 진입할 수 있는 길이 열린다. 처음, 회사에서 쫓겨난 그는 손에 든 걸 빼앗긴 아이처럼 기세가 꺾이고 동력을 잃었다. 그런데 이는 초심을 떠올리는 기회가 되었다. 내가 사랑하는 건 지금까지 쌓아올린 성과인가 아니면 그저 일인가? 답을 찾은 그는 오히려 몸과 마음이 가벼워짐을 느낀다. 성공에 대한 중압감과 사람들의 이목으로부터 자유로워진다. 세간의 기대치가 바닥이 된 순간 오히려 홀가분하다. 뭐든 할 수 있겠다는 자신감이 번쩍 든다.

해결의 포인트를 짚어라

스티브 잡스는 회사에서 쫓겨난 이후 새로운 도약의 계기를 맞이하는 과정을 들려준다. 이야기를 들려줄 때 중요한 점이 이것이다. 갈등이 해결되고 새롭게 도약할 수 있는 계기를 찾아내는 것! 이것은 갈등해결의 포인트가 되고 사람들에게 깨달음과 새로운 자극을 준다. 갈등을 이야기할 때 반드시 짚어주어야 할 것이 바로 해결의 포인트다.

우리가 다른 사람들에게 전할 수 있는 메시지는 평범한 것이기 쉽다. 현명하라, 꿈을 키워라, 경청하라, 포기하지 마라……. 이런 메시지에서 크게 벗어나지 않는다. 이야기와 그 속의 갈등은 이런 메시지를 내 가슴에서 꿈틀거리도록 만든다.

21년 전 대학을 졸업할 당시 저는 나의 야망과 가족의 기대 사이에서 안절부절못하고 있었습니다. 내가 하고 싶은 일이 오로지 소설을 쓰는 것뿐이라고 확신하고 있었습니다. 그러나 가난한 집에서 태어나 대학에 가본 적도 없으셨던 부모님은 저의 지나친 상상력을 망상 정도로 여기셨습니다. 제가 지어낸 이야기는 흥미롭고 독특하지만 주택 융자금을 갚고 노후를 준비하는 데는 아무런 도움도 되지 않는다고 여기셨지요.

거인의 말

내 꿈과 부모님의 기대 사이의 갈등. 누구나 겪었을 만한 이야기다. 나는 철학을 배우고 싶은데 부모님은 취직에 도움이 안 된다며 경영학과를 가라고 하신다. 이런 이야기는 우리가 흔히 겪는 갈등의 민낯을 보여준다. 우리는 이 스토리의 주인공도 나와 비슷하다는 사실을 상기한다. 그런데 이 뻔한 갈등의 주인공이 조앤 롤링이다.

> 부모님께서는 대기업 중역이 되는 데 있어서 이 세상에 존재하는 모든 학문 가운데 그리스 신화보다 더 쓸모없는 것은 없다고 생각하셨습니다.

실용주의적 성향이 강한 우리나라에서는 더욱 설득력 있게 들리는 말이다. 경영학과나 전자공학과를 선택하는 이유는 취직이 잘 될 것이라는 믿음 때문이다. 학생들은 자신이 하고 싶은 공부와 세상이 요구하는 공부 사이에서 갈등을 겪는다. 그러다보니 부모님의 강요에 의해 원치 않은 학과에 진학한 학생들은 자신의 실패를 부모님의 탓으로 돌리곤 한다. 이때 조앤 롤링은 다른 이야기를 한다.

> 그렇다고 부모님 탓이라고 원망하고 싶지는 않습니다. 부모님 때문에 내 삶이 엉망이 되었다고 말하는 것에도 유효기간이 있기 때문이죠. 부모님께서는 제가 가난으로 고생하지 않기를 바라셨을 뿐입니다. 그런 마음을 비난할 수 없습니다.

순간 갈등이 해소된다. 원하지 않은 학과를 선택하고 공부한 것에 대해 부모님을 원망해서는 안 된다. 그런 투정에도 유효기간이 있다. 부모님의 입장을 이해해야 한다. 여기서 청중의 웃음과 박수가 터져 나온다.

갈등을 말하는 프로세스

갈등을 잘 표현하는 사람들의 특징을 보면 자기 경험 속에서 힘겹고 고통스러웠던 순간들을 끌어온다는 공통점을 가지고 있다. 그래야 갈등을 잘 부각시킬 수 있기 때문이다. 나아가 그들은 갈등이 해소되면서 나는 보다 나은 선택을 했고, 보다 나은 상황에 놓이게 되었다고 이야기를 잇는다. 결국 지금 자신이 여기에 있게 된 것이 갈등의 순간들 덕분이었다. 이것이 갈등을 풀어내는 전형적인 말하기 방식이다.

제가 지금 이룬 많은 성공들은 제가 애플에서 쫓겨나지 않았더라면 생기지 않았을 것이라고 저는 확신합니다. 참으로 끔찍한 약이었지만 환자한테 꼭 필요했습니다.

갈등을 부각시키는 것은 꼭 필요한 일이다. 이때 갈등이 해소되는 순간을 어떻게 풀어내느냐가 이야기에 매력을 배가시켜준다. 갈등이 있으면 해소되는 순간이 있을 것이고 그 순간을 잘 포착하면 교훈이 있는 메시지로 연결시키기 수월해진다. 그 과정이 자연스러워야 하고 해소

거인의 말

의 순간이 선명하게 느껴져야 한다. 사실 스티브 잡스와 조앤 롤링의 갈등에 대한 이야기는 내용이 분명하기는 하지만 어떻게 해소되었는지에 대해 그 순간을 정확하게 포착하고 있지는 않다.

스티브 잡스는 자신이 여전히 일을 사랑하고 있다는 것을 알게 되었다고만 말했고 조앤 롤링은 부모님을 원망하는 것도 유효기간이 있다는 정도로 그쳤다. 조금 더 친절하고 섬세한 사람이라면 자신이 겪은 갈등이 해소되는 순간을 포착해서 분명히 알려주었을 것이다.

> 어느 날 아침 일찍 잠에서 깼는데 저도 모르게 출근을 하기 위해 옷을 입고 있었습니다. 저는 이미 제가 만든 회사에서 쫓겨나 출근할 곳이 없었는데 말입니다. 그때 저는 깨달았습니다. '내가 아직 일을 사랑하고 있구나!' 이것이 저를 다시 시작하게 해주었습니다.

상상이긴 하지만 이런 순간이 있었을 것이다. 그 순간을 청중들에게 알려주는 것이 갈등 해소의 포인트를 집어주는 중요한 요소가 된다. 바로 그 순간이야말로 청중들이 간절히 바라는, 문제가 해결되는, 분명한 느낌이 있는, 이야기가 완성되는 열쇠이기 때문이다.

레고 이야기

스티브 잡스와 조앤 롤링에게서 갈등을 말하는 방식을 배운 후 사람들에게 자주 들려주는 이야기가 있다. 바로 레고 이야기다.

레고는 스마트폰이 등장하면서 경영 위기를 겪었다. 아이들이 스마트폰에 빠져 레고에 무관심해진 것이 문제였다. 레고는 놀라운 전략을 선택한다. 바로 애니메이션이다. 아이들이 즐길 만한 애니메이션을 제작해서 유튜브나 TV로 방영한다. 그리고 애니메이션과 관련된 피규어들과 제품들을 레고로 만들어 판매한다. 이것이 레고의 전략이었다.

이렇게 해서 탄생한 대표적인 애니메이션이 '닌자고'였다. 닌자고는 어린 닌자들이 배움을 통해서 새로운 기술을 익히면서 스네이크 군단과 대결하는 모험담을 담고 있다. 시장의 반응은 놀라웠다. 아이들은 애니메이션에 빠졌고 관련 레고 제품들이 불티나게 팔렸다. 흔히 말하는 스토리텔링 경영의 대표적인 모범으로 꼽히는 사례다.

이런 이야기는 공학기술과 인문학 혹은 경영학과 문학의 만남이라는 통섭을 이야기하는데 아주 좋은 소재가 될 수 있다. 그러나 사실 나열에서 그치면 안 된다. 재미있게 말하려면 이야기를 가미해야 한다.

저희집 막내가 초등학교 2학년입니다. 지난 어린이날 때 선물을 사달라고 하더군요. 닌자고에 등장하는 '골드 드래곤'이라는 제품이었습니다. 하도 조르길래 결국 사주고 말았습니다. 며칠을 신나게 가지고 놀더니 하나를 더 사달라고 하더군요. 이름이 뭐냐고 물었더니 '실버 드래곤'이라고 했습니다. (웃음) 어쩔 수 없이 또 하나를 사줬죠. 또 며칠을 신나게 가지고 놀더니 또 사달라는 겁니다. 어이가 없어서 제가 물었죠.

"도대체 닌자고에 드래곤이 몇 마리가 나와?"

아들이 말했습니다.

"일곱 마리쯤 나올걸?" (웃음)

그 순간 저는 '레고가 성공할 수밖에 없겠구나!' 하는 사실을 깨달았습니다. 가만히 생각해보니 이것이 바로 경영과 문학의 만남이었습니다. 인문학이 경영에서도 중요하다는 사실을 이해할 수 있게 된 것입니다.

이렇게 주변 이야기를 가미하면서 말을 이어가면 딱딱한 주장이 훨씬 부드럽게 들리고 수용될 가능성도 높아졌다. 여기에 깨달음의 순간을 짚어줌으로써 갈등이 해소됨은 물론 교훈이나 메시지를 힘주어 주장하지 않아도 듣는 사람이 공감할 수 있는 준비가 이루어진다는 사실도 더불어 배웠다.

갈등을 활용하는 방법

❶ 자신의 경험이나 이야기 속에서 갈등을 드러내고 강조한다.

❷ 갈등이 어떻게 해결되었는지 구체적인 순간을 포착해서 알려준다

❸ 갈등의 해소와 그것에서 배운 삶의 메시지를 정리한다.

거인의 말

4.

대화체는
긴장감과 생생함을 연출한다

중요한 순간은 대화체로

사이좋은 두 친구가 길을 가고 있었습니다. 그런데 숲속에서 갑자기 곰이 뛰어나왔습니다.

두 친구는 급하게 도망을 쳤습니다. 그런데 그만 뒤처진 친구가 돌부리에 걸려 넘어지고 말았습니다. 앞서가던 친구는 넘어진 친구를 놔두고 황급히 나무 위로 올라갔습니다.

넘어진 친구는 죽은 척했습니다. 곰이 다가와서 킁킁 냄새를 맡아보더니 말했습니다.

"에이, 죽었잖아."

실망한 곰이 숲속으로 사라졌습니다.

곰이 사라지자 나무 위에 올라갔던 친구가 내려와 넘어진 친구에게 물었습니다.

"곰이 자네에게 뭐라고 하던가?"

그러자 넘어진 친구는 이렇게 말했습니다.

"위험에 빠진 친구를 돕지 않고 내버려두는 친구와는 같이 다니지 말라고 했다네."

우리가 잘 아는 〈이솝우화〉의 한 토막이다. 이야기에서 빠져서는 안 되는 것이 갈등이라고 했다. 갈등은 긴장감을 주고 이야기를 팽팽하게 유지시킨다. 위 이야기는 여러 장면에서 긴장감이 연출된다. 친구가 넘어지는 장면, 곰이 냄새를 맡는 장면, 넘어진 친구가 나무에서 내려온 친구에게 대답하는 장면이 그렇다. 이때 중요한 것은 갈등과 긴장을 어떤 방법으로 표현하고 있느냐 하는 점이다. 대화! 이솝의 방법은 대화였다.

곰이 쿵쿵 냄새를 맡더니 '에이, 죽었잖아'라고 말하는 장면에서 1차 갈등이 해소된다. 그리고 마지막 가장 중요한 갈등이 해소되는 장면에서 넘어진 친구는 곰이 한 말을 대신 전한다. 갈등을 대화체로 표현한다. 대화체는 갈등을 증폭시키고 해소시키며 메시지를 암시하는 등 이야기 전체에서 중요한 대목마다 등장한다.

대화체로 말하는 방법

저는 열여섯 살 때 테네시에서 열린 연설대회에 참가한 적이 있습니다. 질의
응답시간에 심사위원들이 물었습니다.

"아가씨, 커서 뭐가 되고 싶어요?"

제가 대답할 차례가 돌아왔을 때는 이미 좋은 대답들은 다 나와 버렸습니다.
그때 마침 아침에 본 바바라 월터 쇼가 떠올랐습니다. 그래서 이렇게 대답했
습니다.

"전 저널리스트가 되어 이 세상 사람들의 인생을 변화시키는 이야기를 전하
고 싶어요."

이 말이 제 입에서 나왔을 때 생각했죠.

'와, 잘하는데.'

오프라 윈프리의 이야기다. 대화체가 적절히 잘 쓰였다. 그녀가 대화
체를 빼버리고 이야기를 했다면 어떻게 됐을까?

"열여섯 살에 연설대회에 참여했는데 심사위원들이 커서 뭐가 되고
싶으냐고 물었습니다. 제 차례가 돌아왔을 때 좋은 대답은 다 나와 버
려서 저는 아침에 본 바바라 월터 쇼를 떠올리고는 저널리스트가 되어
이 세상 사람들의 인생을 변화시켜보겠다고 말했는데 그 말을 참 잘했
다고 생각했습니다."

뭔가 밋밋하고 재미가 덜하다. 왜 그럴까? 연극적 요소가 사라졌기
때문이다. 대화체를 빼버리면서 현장감과 긴장감도 덩달아 사라진다.

하지만 모든 이야기를 대화로 풀어낼 수는 없는 노릇. 그래서 말하기 선수들은 중요한 부분이나 강조하고자 하는 내용을 대화체로 처리한다. 배경이나 환경, 이야기 전개에 필요한 내용은 설명으로 풀고 핵심이 숨은 곳에서 대화체라는 비상의 카드를 꺼낸다. 사람들은 이야기를 들으며 맥락과 흐름을 타게 되고 대화체에서 극적 고조감을 맛본다. 대화체 자체가 갈등을 조성하고 핵심을 강조한다.

생각과 신념을 말할 때

대화체는 자신의 생각을 드러낼 때도 사용된다.

열일곱 살 때 이런 구절을 읽은 적이 있습니다.

"오늘이 마지막 날이라는 생각으로 하루하루를 살아라. 그러면 언젠가는 제대로 될 것이다."

이 말은 저에게 강한 인상을 남겼습니다. 그날 이후 33년 동안 저는 매일 아침 거울을 보면서 저 자신한테 물었습니다.

"오늘이 내 생의 마지막 날이라고 해도 오늘 하려고 했던 일을 할 것인가?"

이에 대한 대답으로 "노(No)"가 며칠 반복될 때 뭔가를 바꿀 필요가 있다고 생각했습니다.

스티브 잡스가 자신의 삶에서 중요한 변화를 꾀할 때 사용했던 방법

거인의 말

이다. 그는 자신과 대화를 하듯 질문을 던졌다고 했다. 그리고 그 질문을 사람들에게 알려준다. 일종의 대화체 방식이다. 이런 말하기 방법을 선택한 덕분에 그의 표현은 더 생생해졌다. 이제 사람들은 그의 말을 그대로 머릿속에 떠올리며 자신을 돌아볼 수 있다. 그리고 예스와 노를 판단할 수 있다.

이런 방법은 청중들이 말하는 사람의 입장이 되게 한다는 점에서 아주 매력적이다. 듣고 있는 사람이 말하는 사람과 같은 입장이 된다. 일체감을 느낀다. 이후 말하는 사람이 어떤 말을 하든 감정이 이입될 가능성이 높다. 자신의 신념이나 생각을 말할 때 유용하게 사용할 수 있는 방법이다.

실감나게 말하기

대화체의 유용성을 알게 되면서 말을 할 때 대화체를 자주 사용하게 되었다. 덕분에 예전에 읽었던 책 속의 장면들을 실감나게 들려주는 데 큰 도움을 받았다.

〈삼국지〉에 나오는 인물 중에 여몽이라는 사람이 있습니다. 오나라의 장군 이었는데 글을 잘 읽지 못하는 문맹이었습니다. 한번은 오나라의 왕 손권이 그를 보고 장군이 되어서 글도 읽지 못한다고 핀잔을 주었습니다. 여몽은 왕 의 말에 충격을 받고 두문불출하게 됩니다.

여몽이 출근도 잘 하지 않고 집에 틀어박혀 있는 날이 계속되자 손권은 사람 을 보내서 여몽이 뭘 하고 있는지 알아보게 합니다. 왕의 명을 받은 사람은 노숙이었는데 그는 공부를 많이 해서 학식이 높은 것으로 유명했습니다. 노 숙은 여몽의 집에 갔다가 깜짝 놀라고 말았습니다. 여몽이 책을 읽고 있었기 때문입니다.

"아니 어떻게 글도 잘 모르던 사람이 책을 줄줄 읽게 되었습니까?"

놀란 노숙이 여몽에게 이렇게 물었습니다. 그랬더니 여몽이 이렇게 대답하 더랍니다.

"옛말에 이르기를 '선비는 헤어진 지 사흘이 지나면 눈을 비비고 다시 봐야

한다'고 했지 않았습니까? 그래서 제가 글공부를 좀 했습니다."

그러면서 껄껄 웃더랍니다.

이 말에서 우리가 잘 아는 고사성어가 나왔습니다. 바로 괄목상대(刮目相對)

라는 말입니다.

　대화체를 사용하는 방법은 이야기를 들려줄 때 유용하게 활용될 수 있다. 특히 고사성어 혹은 생활 속에서 만난 사람들에 대한 이야기는 대화체가 제격이다. 이때 중요한 부분을 대화체로 처리하면 사람들에게 생생한 느낌은 물론 메시지도 함께 강조할 수 있다.

　대화체는 연습을 통해서 충분히 훈련할 수 있다. 친구들이나 주위 사람들에게 재미있게 말하는 사람들을 살펴보면 대화체를 잘 섞어 쓴다는 것을 알 수 있다. 설명과 묘사로 분위기를 잡다가 중요한 순간 1인 연극배우가 된 것처럼 상대방이 무슨 말을 했는지 그대로 들려준다. 그때 듣는 사람은 공감을 느끼고 그의 말에 이끌린다. 이런 사람들을 만나면 그들이 말하는 모습을 잘 지켜보고 배우고 연습하자. 중요한 것은 언제 어느 순간에 대화를 사용할 것인가를 고민하는 것이다. 오늘 말할 일이 있다면 대화체 사용을 고민해보는 것도 좋다.

대화체를 사용하는 방법

❶ 들려줄 이야기를 결정한다.

❷ 분위기나 배경은 설명, 중요한 말은 대화체로 표현한다.

❸ 마지막 대화를 통해서 듣는 사람들이 메시지를 이해할 수 있도록 구성한다.

거인의 말

5.

비유는

직설보다 강하다

불필요한 것은 빼라

먹지도 않는 음식이 상만 채우지 않도록 군더더기는 다 빼도록 하게.

고 노무현 대통령의 말이다.

간결함. 꼭 필요한 요소만 남겨서 핵심을 강조하는 능력이다. 고 노무현 대통령은 비유에 능한 사람이었다. 월요 조회 시간의 교장선생님처럼 자꾸만 이야기를 늘어놓다보면 상대방은 지루해지고 말하는 사람은 길을 잃기 쉽다. 무엇보다 말은 간결해야 한다. 이런 주제를 그는 비유로 설명했다. 쓸데없이 말만 많은 것은, 먹지도 않는 음식으로 공연히 상을 채우는 것과 같다. 그러니 군더더기는 빼라. 비유는 어떤 설명보다 간결하고 직접적이다.

비유가 직접적인 것은 인간이 가진 상상력 때문이다. 우리는 '바람 앞의 촛불'이 무슨 의미인지 설명을 듣지 않아도 안다. '젖은 낙엽'이나 '폭풍전야' 같은 말들도 쉽게 이해할 수 있다. 사람은 상상력을 통해 복잡한 중간단계를 생략하고 바로 직접적인 메시지에 도달한다. 덕분에 비유는 장황한 설명보다 훨씬 직접적이다. 때문에 강력하다.

> 하늘의 비행기가 속력에 의하여 떠 있음에서 알 수 있듯이, 생활에 지향과
> 속력이 없으면 생활의 제측면이 일관되게 정돈될 수가 없음은 물론, 자신의
> 역량마저 금방 풍화되어 무력해지는 법입니다.

대학시절 수없이 읽어대던 신영복 선생의 책 〈감옥으로부터의 사색〉에 나오는 문장이다. 이 문장 덕분에 글쓰기 연습을 했던 기억이 있다. 글쓰기 연습까지 하게 된 것은 문장이 주는 메시지가 너무 선명했고 나도 이런 글을 써보고 싶었기 때문이었다. 그렇게 따라 쓰다 보니 이 문장의 비밀이 비유라는 사실을 자연스럽게 알게 되었다.

비행기는 속력에 의해서 날아간다. 우리 생활에도 속력이 있어야 한다. 간단히 말하자면 이렇게 요약된다. 얼마나 선명한 표현인가. 이처럼 비유는 수많은 중간단계의 설명들을 생략하고 직접 우리가 원하는 메시지에 도달하도록 돕는다.

거인의 말

비유의 방법 1. 공통점

테드(TED)에서 강연을 했던 티어니 타이스(Tierney Thys)는 '여행을 안내하는 마음으로 강연을 한다'고 말한다. 훌륭한 말하기는 사람들이 보거나 듣지 못한 새로운 세계를 보여주는 일인데 그러자면 말하는 사람이 다른 방식이나 새로운 렌즈로 세상을 봐야 한다. 그렇게 바라본 세상을 여행가이드가 되어 안내해줄 수 있다면 그 말하기는 분명 성공한 것이리라. 그의 말은 '강연가 = 여행가이드'라는 비유로 곧장 이해된다. 그런 생각으로 강연을 한다면 나 역시도 큰 부담 없이 재미있게 말할 수 있을 것만 같다.

그의 말에는 비유의 중요한 방법이 암시되어 있다. 비유에도 방법이 있다. 그는 전혀 다른 영역의 개념을 끌어와서 자신의 일을 설명한다. 여행과 강연은 서로 다른 영역이다. 이렇게 서로 다른 두 영역의 공통점을 찾아서 연결하는 것이 바로 비유의 시작이다.

그럼 어떻게 비유를 찾아낼 수 있을까? 좋은 비유가 담긴 문장을 많이 읽는 것이 도움이 된다. 그리고 틈틈이 연습해야 한다. 마음을 열어두는 것도 중요하다. 서로 다른 개념이나 영역의 공통점을 찾는 연습을 하다보면 비유의 힘은 저절로 좋아진다. 이때 두 영역의 공통점들 중에서 긍정적인 면을 부각시키는 것이 좋다.

비유의 방법 2. 추상화

애플이 제자리걸음을 할 때였다. 스티브 잡스는 펩시콜라의 사장이었던 존 스컬리를 영입하기 위해 만났다. 존 스컬리는 마케팅의 대가였다. 하지만 대기업의 사장이라는 직함을 버리기에는 스티브 잡스의 제안이 매력적이지 않았다. 존 스컬리가 망설인다. 그때 잡스는 이런 비유를 던진다.

남은 인생을 설탕물이나 팔고 살 겁니까? 아니면 나와 함께 세상을 바꿔보겠습니까?

이 말에 자극을 받은 존 스컬리는 주저하지 않고 애플로 이적한다. 스티브 잡스는 콜라사업을 설탕물 만드는 일로, 자신이 하는 일을 세상을 바꾸는 일로 비유한다. 비유는 서로 비교할 수 없는 것을 비교할 수 있게 만들어준다. 비유는 추상화 작업이기 때문이다. 콜라와 컴퓨터를 만드는 일은 공통점이 없다. 전혀 다른 업종이기 때문이다. 하지만 추상화 작업을 거치면 달라진다. 설탕물은 사람들의 건강을 해치는 가치 없는 일이다. 컴퓨터는 사람들이 놀라운 일을 할 수 있도록 돕는 최첨단 산업으로 무한한 부가가치를 창출할 수 있다. 스티브 잡스의 비유는 가치 있는 일과 없는 일에 대한 것이었다.

이런 추상화를 통한 비유는 스티브 잡스의 독특한 스타일이기도 하다.

해적이 되자.

매킨토시를 개발할 당시 직원들에게 던진 말이다. 해적은 남의 것을 약탈하는 바다의 도적들이다. 하지만 이때의 해적은 긍정적인 상징으로 읽힌다. 틀에 박힌 원칙이나 규정에 매이지 말고 자신의 생각대로 자유롭게 놀라운 일을 해보자는 취지이기 때문이다. 게다가 다른 배를 습격해서 훔치고 빼앗듯 훌륭한 아이디어들을 차용해보자는 뜻도 포함된다.

이건 쓰레기예요.

직원이 만들어온 제품에 대해 그가 던진 말이다. 모르긴 해도 그 직원은 충격을 받았을 것이다. 엄청난 분노 때문에 사표를 쓰고 싶었을지도 모른다. 이런 방식은 그가 충격요법으로 자주 사용하는 비유다. 처음에는 기분이 나쁘지만 점점 무엇을 추구하고 어떤 것을 만들어야 하는지 상식 파괴의 창의적 길로 접어든다. 그는 그런 직원들을 원했다.

이런 비유는 위험한 면이 있다. 우리나라처럼 인간관계의 중요성이 강조되는 곳은 특히 그렇다. 부정적인 한마디가 관계에 치명상을 입힐 수 있음을 우리는 너무도 잘 알고 있다. 섣불리 사용하다가는 부메랑이 되어 뒤통수를 맞기 십상임을 유의해야 한다.

사람은 한 권의 책

알리바바 그룹의 마윈에게 어떤 사람이 물었다.

"어떻게 컴퓨터 코드도 모르면서 인터넷 사업을 할 수 있어요?"

그러자 마윈이 그 사람의 직업에 대해서 물은 후 이렇게 대답한다.

> 당신은 부동산업자입니다. 그럼 집 짓는 방법을 아시겠군요.

부동산업자인 당신이 집 짓는 방법을 모르듯 나 또한 인터넷 사업을 하지만 컴퓨터 코드를 잘 알고 있을 필요는 없다는 말이다. 비유는 어떤 설명보다 강렬하다.

> 저는 사람을 한 권의 책이라고 생각합니다. 사람을 만나면 저는 감상합니다. 사람을 보며 '저 사람은 쿨하네'라는 생각을 하곤 합니다. 대부분의 책은 앞장 몇 페이지를 읽으면 뒷장을 유추해 낼 수 있습니다.

마윈은 사람을 책에 비유한다. 앞부분을 보면 뒤를 유추할 수 있듯이 처음 만난 경험을 통해 저 사람이 어떤 사람인지 알 수 있다는 것이다. 이렇게 비유는 듣는 사람들이 말을 쉽게 이해하도록 도울 뿐 아니라 말에 신빙성을 높이는 역할을 한다. '저는 사람을 만나면 그 사람이 어떤 사람인지 금방 알 수 있습니다'라고 말하는 것보다는 책과 같은 비유를 통해서 말할 때 훨씬 깊이 있는 말로 느껴진다.

당신이 좋아하는 책이 무엇인지 부끄러워하지 마세요. 저는 만화책을 좋아합니다. 그리고 김용의 소설을 좋아합니다. 그것도 아주 좋아하죠. 옳고 그름이 없습니다. 그러니 당신이 좋아하는 책을 보세요. 전 제가 평생 가장 신나게 잘할 수 있는 일로 창업했습니다. 가장 쉽게 할 수 있는 일을 고른 겁니다. 여러분도 자신이 가장 쉽게 할 수 있는 일을 고르세요. 그리고 어려운 일은 남들에게 넘기는 겁니다. 여러분에게 말하는 창업의 비결은 자신이 좋아하는 일을 창업하는 겁니다. 유명한 사람이 읽는 책을 따라서 읽지 마세요. 여러분들이 좋아하는 책을 읽으세요.

다른 사람이 보는 책을 보지 말고 자신이 좋아하는 책을 보라는 것이 그의 주장이다. 자신이 좋아하는 일, 잘하는 일로 창업했고 성공했듯이 책도 똑같다는 것이다. 좋아하는 책을 봐야 재미있고 잘 읽힌다. 일도 좋아하는 일을 해야 재미있고 성과도 높다. 어렵고 힘든 일은 다른 사람이 하도록 내버려두고 내가 좋아하는 일을 하는 것이 성공창업의 비결이다.

그의 말에서 비유를 빼버리면 어떻게 될까? '좋아하는 일을 하세요. 그것이 성공의 비결입니다'가 될 것이다. 이런 말은 너무나 많이 들어서 식상할 정도다. 반면 그의 말은 책읽기의 비유로 이해되기 때문에 다르게 들린다. 비유는 세상의 원리와 자신이 말하고자 하는 것을 연결시키는 작업에 다름 아니다.

디카프리오의 비유

디카프리오가 〈레버넌트〉라는 작품으로 아카데미 남우주연상을 받은 적이 있다. 보통 배우들이 상을 받으면 도움 주신 분들의 이름을 나열하느라고 대부분의 시간을 할애한다. 시청자 입장에서는 알지도 못하는 사람의 이름을 듣는 건 고역이다. 디카프리오는 달랐다.

레버넌트는 자연과 인간의 교감에 관한 작품입니다. 영화를 찍을 때 우리는 미국에서는 더 이상 추운 날씨를 찾을 수 없어서 남극까지 가야만 했습니다. 지구온난화는 우리가 마주한 가장 시급한 위협입니다. 더 이상 미루지 말고 힘을 모아야 합니다. 공해를 유발하는 대기업이 아니라 공해로 피해를 입는 사람들을 대변해주는 이들에게 힘을 실어줘야 합니다. 우리 아이들의 아이들을 위해서, 탐욕의 정치로 소외된 사람들을 위해서라도 바꿔야 합니다. 오늘 이 놀라운 상을 주셔서 감사합니다. 우리에게 주어진 대자연을 당연한 것으로 생각하지 맙시다. 저도 오늘밤 주신 이 상을 당연한 것이라고 생각하지 않겠습니다. 감사합니다.

그의 지구온난화 문제를 언급한 후 우리가 변화해야 한다고 말한다. 그리고 우리가 당연하게 여기는 것에 대한 비유를 시도한다. 아름다운 지구환경을 당연한 것이라고 여기는 우리들에게 경종을 울린다. 그와 함께 자신 또한 이 수상이 당연한 것이 아니라고 생각하겠다는 말로 마무리한다. 그러자 관중들은 기립박수로 환호했다.

거인의 말

그를 특별한 수상자로 만든 건 두 가지다. 하나는 지구적 문제를 꺼낸 것이고, 다른 하나는 주어진 것을 당연하게 생각하지 말자는 비유다. 생각의 크기가 다르고 말하는 방법이 다르다. 큰 생각을 비유로 표현할 수 있다면 감동을 줄 수 있음을 생생하게 보여준 말하기였다.

비유 사용하기

❶ 분야가 다른 소재와 내 이야기를 연결시킨다.

❷ 추상화를 통해서 가치를 비교할 수 있게 한다.

❸ 자신이 발견한 원리를 비유를 통해 쉽게 표현하도록 연습한다.

6.

직설화법은
막힌 속을 뚫어준다

가슴으로 말하기

비유는 매력적인 방법이다. 하지만 잘못 사용하면 고구마가 된다. 도리어 혼란을 가중시키고 답답하게 만든다. 그래서 소화제처럼 시원시원 뚫어주는 직설화법을 적절히 구사하는 것이 필요하다.

1988년 국회 대정부질의에서 당시 국회의원이던 고 노무현 대통령은 이런 말을 했다.

제가 생각하는 이상적인 사회는 더불어 사는 삶, 모두가 먹는 것 입는 것 이런 걱정 좀 안 하고, 더럽고 아니꼬운 꼬라지 좀 안 보고, 그래서 하루가 신명난 그런 세상이라고 생각합니다. 만일 이런 세상이 좀 지나친 욕심이라면 적

거인의 말

어도 살기가 힘이 들어서, 아니면 분하고 서러워서 스스로 자기 목숨을 끊는 일이 좀 없는 세상입니다.

여기서 주목해야 할 표현들이 있다. '더럽고 아니꼬운 꼬라지', '분하고 서러워서' 같은 표현이다. 더럽고 아니꼽다, 분하고 서럽다는 말은 두 가지 면에서 신선한 느낌을 준다. 하나는 공식석상에서 차용하기 힘든 말이라는 점이고, 다른 하나는 우리 어머니들의 향수가 짙게 배어 있는 말이라는 점이다. 이런 표현들은 고 노무현 대통령이 서민을 대변하는 사람이라는 인식을 만드는 데 큰 기여를 했다.

그의 입에서 쏟아지는 말들은 먹물 좀 먹었다는 사람들이 상상하기 어려운 표현들이다. 그래서 신선하다. 사람들에게 감동을 주려면 멋진 말들이 필요하다는 선입견을 깨버렸다. 먹는 것 입는 것 걱정 좀 안하는 세상, 하루가 신명난 세상이 그의 비전이다. 어려운 말도 없고 근사한 비유도 없지만 가슴에 직접 와 닿는다.

그의 말하기 비법은 따로 없다. 가슴에 담아둔 표현을 가감 없이 사용하는 것이다. 그래서인지 다른 사람이 대신 써주었다거나 누군가의 코치를 받았다는 느낌이 전혀 없다. 평소에 생각하고 고민하던 것을 말로 표현했을 뿐이다. 연설이 아니라 동네 친구들을 만난 듯 자연스럽게 말한다. 말이 가슴에서 나오기 때문에 가식이 없고 진실하다는 느낌을 준다.

직설화법의 위험

그의 가감 없는 표현은 사람들에게 다가서기 쉬울 뿐 아니라 사이다처럼 속을 시원하게 뚫어준다. 1987년 임시국회에서 당시 국회의원이었던 노무현은 대정부질문을 하면서 분노를 터뜨린다.

국무위원 여러분, 아직도 경제 발전을 위해서, 케이크를 더 크게 하기 위해서, 노동자의 희생이 계속되어야 한다고 생각하십니까? 저는 그런 발상을 가진 사람들에게 이렇게 말하겠습니다. 니네들 자식 데려다가 죽이란 말이야. 춥고 배고프고 힘없는 노동자들 말고, 바로 당신들 자식을 데려다가 현장에서 죽이면서 이 나라 경제를 발전시키란 말이야.

통쾌한 발언 후 그의 국회의원 사무실로 수많은 격려전화가 쇄도했다. 그동안 희생된 노동자들의 고단한 삶을 대변해준 사람에 대한 지지였다. 기득권은 늘 경제와 안보를 핑계로 분배와 복지에 시비를 건다. 그 결과가 빈익빈 부익부, 정규직과 비정규직, 대기업과 중소기업, 흙수저 금수저라는 극단적인 상황이다. 이를 잘 알고 있던 그는 가슴속 말들을 시원하게 쏟아냈고 듣고 있던 국민들은 꽉 막혔던 속이 시원하게 뚫리는 느낌을 받았다.

하지만 이런 직설화법은 위험한 측면이 있다. TV프로그램을 진행하는 사람들이 가끔 실수를 저질러 구설수에 오르는 경우가 있는데 대부분 직설화법 때문이다. 청중을 웃기기 위해서, 재미있게 진행하려다

보니 무리수를 둔 결과다. 직설화법을 쓰는 사람은 누군가의 거부감에 부딪칠 수 있음을 유의해야 한다.

2002년 대통령 후보 출마연설은 노무현 대통령의 연설 가운데 단연 최고로 꼽힌다.

조선 건국 이래로 우리는 권력에 맞서서 권력을 한 번도 바꾸지 못했습니다. 비록 그것이 진리라고 할지라도 권력이 싫어하는 말을 했던 사람들은, 또는 진리를 내세워서 권력에 저항했던 사람들은 모두 죽임을 당했습니다. 그 자손들까지 멸문지화를 당했습니다. 600년 동안 한국에서 부귀영화를 누리고자 했던 사람들은 모두 권력에 줄을 서서 손바닥을 비비고 머리를 조아려야 했습니다. 밥이라도 먹고 살고 싶으면 세상에서 어떤 부정이 저질러져도, 어떤 불의가 눈앞에서 벌어지고 있어도 강자가 약자가 눈앞에서 짓밟고 있어도 모른 척하고 고개 숙이고 외면해야 했습니다.

역사와 권력에 대한 이야기로 시작한 그는 화제를 우리 시대 혹은 자신의 경험담으로 끌고 온다.

눈감고 귀를 막고 비굴한 삶을 사는 사람만이 목숨을 부지하면서 밥이라도 먹고 살 수 있었던 우리 600년의 역사. 제 어머니가 제게 남겨주었던 저의 가훈은 '이놈아, 모난 놈이 정 맞는다. 계란으로 바위치기다. 바람 부는 대로 물결치는 대로 눈치 보며 살아라' 였습니다.

그는 어머니의 말을 인용한다. 자식을 사랑하는 이 땅의 어머니들이 반복해왔던 말을 통해 오늘날에도 역사가 되풀이되고 있음을 보여준다. 그런 후에 메시지를 던진다.

이 비겁한 교훈을 가르쳐야 했던 우리 역사를 청산해야 합니다. 그래야 우리 젊은이들이 떳떳하게 정의를 말할 수 있고 새로운 역사를 만들 수 있습니다.

새로운 역사, 이것이 그가 하고 싶었던 말이었다. 권력이 무서워 정의를 말하지 못했던 과거를 접고 새로운 역사의 시대를 만들어가자! 그가 청산하고자 하는 대상은 권력과 기득권세력이었고 지키고자 했던 것은 정의와 힘들게 살아가는 평범한 사람들이었다. 그의 대결구도는 이렇게 선명하다.

그의 말하기는 가려운 곳을 긁어주고 막힌 곳을 뚫어주지만 한편으로는 역풍을 불러온 이유가 되기도 했다. 아마추어라거나 좌편향이라는 비난이 쏟아졌다. 물론 대개는 반대세력의 근거 없는 정치적 공세였다. 하지만 빌미의 여지를 준 것은 사실이다. 속을 시원하게 뚫어주는 말들은 이런 위험들이 도사리고 있다. 그럼에도 불구하고 그는 정치적 고난을 마다하지 않고 자신의 길을 걸었다. 그것이 그의 특별함인지도 모른다.

거인의 말

직설화법은 타이밍 싸움

직설화법이 힘이 있다는 사실을 알게 된 후 활용법을 고민했다. 직설적으로 말하기는 어렵지 않으나 타이밍이 애매했다. 그러다 찾은 게 사람들이 준비가 되었다 싶을 때 직설화법을 사용하는 것이다.

모든 욕망은 타자의 욕망이다. 이 말은 자크 라캉이라는 정신분석학자가 남긴 말입니다. 이 말에 따르면 내 욕망은 내 것이 아닙니다. 내 욕망이 내 것이 아니라니 도대체 무슨 소린지 이해가 가지 않으실 겁니다.

얼마 전 초등학교 학생들에게 강의를 할 기회가 있었습니다. 이야기를 하다가 꿈에 대한 주제가 나왔습니다. 그래서 아이들에게 꿈이 뭐냐고 물어봤습니다. 아이들의 대답을 듣다가 놀라온 경험을 했습니다. 아이들의 입에서 '공무원' 혹은 '치과의사'라는 말이 나왔기 때문입니다.

저는 궁금했습니다. 아이들이 공무원이 어떤 일을 하는 사람인지 알고 있을까? 치과의사가 왜 아이들의 꿈이 되었을까? 제 경험에 따르면 아이들은 치과에 가는 것을 무서워하는 경우가 많은데 말입니다.

여러분 한번 생각해보시죠. 이 아이들의 꿈은 누구의 꿈일까요?

"부모님이요." (청중들)

그렇습니다. 아이들의 꿈은 바로 부모님이 바라는 꿈이었습니다.

이제 이해가 되시죠? 모든 욕망은 타자의 욕망이라는 말이. 여러분의 자녀들은 어떻습니까? 자신의 꿈으로 살아갑니까? 아니면 부모님의 꿈으로 살아갑니까? 자식들에게 그들의 꿈을 돌려줍시다. 부모의 꿈으로 살게 하지 맙시다. 이것이 제가 오늘 드리고 싶은 부탁입니다.

　여기서 직설화법을 활용해 표현한 것이 '자식들에게 꿈을 돌려주자', '부모의 꿈으로 살게 하지 말자'는 말이었다. 이 말을 하기 위해서 자크 라캉의 말을 인용했고 생활 속의 경험들을 가져와 예를 들었다. 사전 정지작업을 거치며 청중이 마음을 열었다고 판단될 때 직설화법을 구사했다. 친구끼리 직설적으로 욕을 해도 웃으며 넘어가는 이유는, 친하기 때문이요, 말을 들어줄 준비가 되어 있기 때문이듯 직설화법도 타이밍이 중요하다. 덕분에 선명한 전달이 가능했다.

　정리하자면 직설화법은 가슴속에 담긴 시원한 이야기들을 통해 사람들의 막힌 곳을 뚫어주는 힘이 있다. 우리가 일상에서 사용하는 말들과 시장의 어머니들 사이에서 흔히 들을 수 있는 표현들은 친근하기까지 하다. 덕분에 이해하기 쉽고 가려운 곳을 긁어주는 통쾌함을 느낄 수 있다. 하지만 너무 지나치면 전문가라는 인상에 흠집을 남길 수 있고 적을 만들 수도 있으며 무례한 표현으로 이어질 수 있다. 그러므로 가슴으로 말하기라고 해서 떠오르는 대로 다 말하지 말고 이 표현이 경계를 넘지는 않았는지 따져보고 나아가 타이밍을 찾는 연습이 필요하다.

직설화법 사용하기

❶ 현재 우리 상황과 문제점을 일상적인 용어로 제시한다.

❷ 생활 속의 예를 가져와 문제를 드러낸다.

❸ 직설화법으로 명쾌하게 정리한다.

❹ 이때 표현이 경계를 넘지 않도록 조심한다.

7.

자기를
유머의 소재로 삼는다

자신을 소재로 삼아라

말하기의 핵심 중 하나는 듣는 사람과의 거리감을 어떻게 좁히느냐 하는 점이다. 듣는 사람이 말하는 사람을 편하게 느낄 때 이야기가 쉽게 풀리고 수용성도 높아진다. 그래서 공식적인 말하기에서는 시작 후 5분 안에 청중에게 웃음을 선사하는 것이 중요하다고들 한다. 사람들과 교감을 나눌 수 있는 좋은 방법이 유머이고, 유머가 제대로 통할 때 준비한 이야기를 풀어내는 게 수월해진다.

그런데 어떻게 웃겨야 할까? 평소에는 입담이 좋은 사람도 멍석을 깔아주면 쩔쩔 매는 경우가 많다. 다들 그의 입만 쳐다보고 있는 난감한 상황에서 5분 안에 웃기려니 부담만 커진다. 너무 걱정할 필요는 없

거인의 말

다. 가장 좋은 웃음의 소재가 자기라는 사실만 안다면 유머도 어렵지
않다.

조앤 롤링은 하버드 대학교에서 졸업식 축사를 시작하면 자신의 상
황을 고백한다.

이런 기회를 주신 하버드 대학에 감사드립니다. 덕분에 소중한 말을 할 수
있는 기회와 함께 지난 몇 주 동안 두려움과 불면증에 시달리게 해주셨습니
다. 덕분에 살이 쏙 빠졌습니다. 윈-윈 할 수 있는 상황이죠. (웃음)

하버드 대학교에서 연설을 해야 한다는 사실은 조앤 롤링에게도 엄
청난 부담감을 주었을 것이다. 이런 자신의 심정을 솔직하게 이야기한
다. 그리고 이를 유머로 풀어낸다. 그녀의 방법은 자신을 유머의 소재
로 삼는 것이었다.

셀프 디스

근사한 말을 골라 목에 힘을 주고 말하는 것만큼 말하기의 소통력을
반감시키는 것도 없다. 멋있게 보이려는 의도적인 노력이 상대방과 나
사이에 벽을 쌓고 소통을 가로막기 때문이다. 그때 자신을 낮추는 것
이야말로 장벽을 허무는 가장 좋은 방법이 될 수 있다. 요즘말로 일종
의 셀프 디스다.

마윈의 방법을 살펴보자. 그는 학생들과의 대화에서 자신의 일화를 들려준다.

어느 날 밤 일을 하고 자전거를 타고 가는 길에 맨홀 뚜껑을 훔쳐가는 사람들을 발견했습니다. 저는 쿵푸도 할 줄 몰랐고 체격도 왜소했습니다. 주변에 경찰이 있나 싶어 찾아봤는데 없었어요. 어쩔 수 없이 그들에게 가서 맨홀 뚜껑을 제자리에 갖다 놓으라고 소리를 쳤습니다. 만약 그들이 쫓아오면 도망갈 생각이었습니다. (웃음)

마윈은 자랑거리를 늘어놓지 않는다. 대신 부족한 점, 부끄러운 기억을 자주 이야기한다. 이런 이야기들은 자신의 치부를 드러내는 것이기에 상대방에게 부족한 사람이라는 인상을 준다고 생각하기 쉽다. 하지만 효과는 반대다. 나를 부족한 사람이라고 보는 대신 인간적이고 친근한 사람으로 생각해준다. 자신을 낮추는 것이야말로 상대방과 거리를 좁히는 최고의 방법이다.

2004년 노무현 대통령의 연세대학교 특강을 들어보자.

어떻게 살았느냐? 밥 먹고 살았지요. 사랑하고 애도 낳고, 지금은 손녀가 예뻐요. 그런데 아무리 예뻐 봤자 한계가 있죠. 저를 보고 상상을 하십시오. 저의 희망은 저보다 예뻤으면 좋겠다는 겁니다. (웃음)

역시 셀프 디스다. 자신의 외모가 잘 생겼다거나 멋있지 않다는 사실을 청중에게 이야기하면서 벽을 허문다. 이후에는 어떤 이야기를 하든 친근하게 들리고 따뜻하게 다가온다. 이것이 자기를 낮추면서 얻을 수 있는 소득이다.

자신을 유머의 소재로 삼을 수 있는 사람은 여유가 있는 사람이다. 타인의 시선에 신경 쓰는 사람, 남에게 책잡히고 싶지 않은 사람은 자신을 과대포장하려 한다. 그래야 인정받을 수 있다고 느끼기 때문이다. 반면 여유가 있는 사람은 굳이 인정받으려고 애쓰지 않는다. '당신이나 나나 다 같은 사람인데 서로 이야기를 해서 해결 안 될 건 없어'라는 생각으로 자연스럽게 풀어간다. 말하는 사람이 여유가 있으니 듣는 사람도 여유가 생긴다. 여유는 둘 사이에 스펀지 같은 완충지대를 형성해준다. 그곳에서는 넘어져도 다치지 않고 미끄러져도 재미있다.

유머는 청중과 눈높이를 맞추는 역할도 한다. 덕분에 이야기가 주는 부담이 줄어들고 말의 수용성이 높아진다. 그 과정에서 말하는 사람을 자신과 똑같은 한 인간으로 받아들인다. 한마디로 좋아하게 된다.

약점 덕분에 인간이 된다

사람들은 누구나 약점을 가지고 있다. 보통은 약점을 가리고 싶어 한다. 부족한 사람으로 보이고 싶지 않기 때문이다. 하지만 약점에는 인간적인 느낌을 주는 매력이 숨어 있다. 약점을 가리면 가릴수록 인간다운 느낌은 사라진다. 개그맨들이 아이들의 친구가 되고 가까운 이웃이 될 수 있는 이유는 자신의 약점을 드러내기 때문이다. 다른 사람의 망가지는 모습을 통해 즐거움을 느끼는 것이 사람들이다. 사람은 사람다운 모습을 가진 사람을 좋아한다. 사람은 누구나 약점을 가졌고 또 실수노 저지르고 좌절에도 빠진나. 약점을 드러내면 인간으로 빋아들여진다.

이렇게 여유 있고 재미있고 넉넉한 사람이라는 인식을 얻게 되면 어떤 효과가 발생할까?

노무현 대통령이 군부대를 방문했을 때의 일이다. 생활실에 앉아 있던 이병이 대통령에게 부탁한다.

"'맞습니다. 맞고요?' 이거 한 번만 해주시면 안 되겠습니까?"

당돌한 부탁을 받은 노무현 대통령은 거침없이 소원을 들어준다.

"괜찮습니다. 괜찮구요."

자기흉내가 다소 민망한지 주변을 돌아보며 한마디 한다.

"요즘 참 이병들이 당돌하네요."

이병이 대통령에게 한 부탁치고는 참 용감하다. 대통령이 자주 하는 말투를 흉내 내며 자신에게 보여달라고 부탁하는 것은 웬만큼 친하다고 느끼지 않으면 어려운 일이다. 처음 만난 대통령에게 이런 부탁을 할 수 있도록 만든 것은 무엇일까? 이병이 용감하기 때문일까? 철이 없기 때문일까? 그렇지 않을 것이다. '저 분은 내가 농담을 해도 유쾌하게 받아주실 분'이라는 믿음이 있기 때문이다. 이것이 친화력이고 그 힘은 그 사람의 말과 태도에서 나온다.

이런 태도는 오바마 대통령에게서도 발견된다. 한번은 오바마 대통령이 한 여성의 도움을 받아서 컴퓨터 조작법을 배우고 있었다. 그때 여성의 남자친구가 카메라 앞을 가로막고 지나가면서 이렇게 말한다.

"제 여자친구 건드리지 마세요."

당황해하면서도 웃음이 터진 그 여성은 오바마에서 미안하다는 말을 반복했고 오바마는 재미있다는 듯이 농담을 주고받았다. 일을 마친 오바마는 그녀와 헤어지면서 작심이나 한 듯 이마에 키스를 하며 이렇게 말한다.

"이젠 정말로 질투하겠군요."

여유를 가진 사람들의 말하기는 다르다. 그들은 자신과 주변 사람들 혹은 자신에게 직면한 어떤 일 사이에 완충장치를 가지고 있다. 덕분에 사람들은 그를 격의 없는 사람으로 여기고 편하게 대화하며 친근하게 느낀다. 이런 여유는 유머라는 모습으로 드러나고 특히 자신을 낮추는 모습을 통해 구체적으로 확인된다. 자신을 낮출 수 있다는 것, 자신을 유머의 소재로 삼을 수 있다는 것은 그만큼 감출 게 없으며, 당당하다는 뜻이기도 하다.

말하기의 부담을 줄여준다

조앤 롤링과 노무현 대통령, 오바마에게 배운 방법을 활용하면서 말하기가 훨씬 수월해졌다. 특히 자신을 유머의 소재로 활용할 수 있게 되자 남보다 뛰어난 말하기 선수가 되어야 한다는 부담감도 내려놓을 수 있었다.

한때 회사를 다녔던 적이 있었습니다. 그곳에서 회사의 운영과 사람의 본성에 대해서 많은 것을 배울 수 있었습니다. 하지만 직장인들이 가진 스트레스가 저를 공격해왔고 때문에 저는 비전 없는 직장인이 되었습니다. 직장을 그만둘까 하는 생각도 했었습니다. 그러던 어느 날 회사에서 사내강사를 뽑는다는 공고를 보게 되었습니다. 자신은 없었지만 새로운 일을 해보고 싶은 마음에 도전했습니다.

면접을 아주 오래 보더군요. 심지어 노래까지 불렀습니다. 까다로운 면접을 경험하면서 사내강사가 정말 중요한 자리인가보다 생각했습니다. 일주일 후에 합격자 발표가 있었습니다. 어떻게 되었을까요?

결과는 합격이었습니다. 제가 까다로운 면접을 통과했다고 생각하니 기쁘기도 했고 자신감도 생겼습니다. 그런데 나중에 알고 보니 그게 아니었습니다.

제가 합격할 수 있었던 이유는 제가 뛰어났기 때문이 아니었습니다. 이유는 전혀 다른 데 있었습니다.

그 이유는 바로 후보자가 한 명뿐이었다는 겁니다. (웃음) 후보자가 한 명뿐이니 면접을 오래볼 수밖에 없었고 합격을 시킬 수밖에 없었겠지요.

이런 경험을 통해서 제가 배운 것이 있습니다. 역시 남들이 안 하는 것을 하면 성공할 가능성이 높다는 겁니다. (웃음)

자기를 유머화하기

❶ 실수했거나 실패한 경험/잘했거나 성공한 경험들을 이야기한다.

❷ 그것이 자신의 부족함 때문(혹은 능력이 아니라 운이 좋았기 때문)임을 밝힌다.

❸ 그 경험에서 배운 것을 메시지로 정리한다.

3부
—
탁월한
단어 선택의
힘
—

1.

그들은

사용하는 단어가 다르다

언어학자들이 발견한 진실

사람은 생각하는 능력과 말하는 능력을 가지고 있다. 동물과 구분되는 중요한 특징이다. 그런데 생각과 말 가운데 무엇이 먼저일까? 우리는 보통 생각한 것을 말로 표현한다고 믿는다. 그러나 언어학자들이 발견한 진실은 반대다. 사람은 생각하는 대로 말하는 것이 아니라 언어가 제공하는 대로 생각한다.

그렇다면 언어를 모르면 생각을 할 수 없다는 말인가? 그렇다. 언어는 우리의 생각을 가능케 하는 조건이다. 언어가 없으면 생각이 불가능하다. 생각은 언어가 펼쳐놓은 세계관 안에서만 작동한다.

이런 논리에 따르면 각각의 언어에는 자기 나름의 규칙이 내장되어

거인의 말

있고 그 언어를 배우는 사람은 그 규칙에 따라 세상을 파악할 수밖에 없다. 조금 쉽게 말하면 사용하는 언어에 따라 사고의 내용이나 방향이 달라진다는 말이다.

어른들은 늘 '말조심하라'는 말을 자주 한다. 말에 따라 생각이 달라지기 때문이다. 욕설을 생각해 보자. 우리는 원래 나쁜 생각을 품고 있기 때문에 입만 열면 욕을 내뱉는다고 믿는다. 사실은 반대다. 자기 입에서 발화된 욕설에 생각이 전염된 것이지 본래 마음이 나쁘기 때문에 욕을 입에 담기 시작한 건 아니다. 욕설을 자주 듣고 말하는 환경과 구조 속에 있기 때문에 생각이 오염된다.

생각을 바꾸려면 말을 바꿔야 한다. 사람은 말로 생각하기 때문에 사용하는 말을 바꾸면 생각을 바꿀 수 있다.

어떤 단어를 사용할 것인가

우리는 어릴 때부터 수많은 말을 들으며 자라왔다. 덕분에 개념을 알게 되었고 생각할 수 있게 되었다. 하나의 단어는 하나의 개념을 담고 있고 우리는 개념을 통해 세상을 이해한다.

자동차라는 단어를 들으면 어떤 생각이 떠오를까? 현대나 기아? 벤츠나 BMW? 우리는 자동차의 생김새나 쓰임새 따위에 대한 공통된 이미지를 가지고 있다. 하지만 자동차에 대한 개인 경험은 모두 다르다. 자동차라는 말을 들으면 어떤 사람은 '갖고 싶다'는 생각을 떠올리고 어떤 사람은 걱정하는 마음이 되며 어떤 사람은 두려움에 떤다. '갖고 싶다'는 생각이 떠오른 사람은 고급승용차를 사고 싶어 할 것이다. 걱정하는 사람들은 먼 길을 운전하는 자식을 떠올릴 것이고, 두려워하는 사람은 교통사고 후 유증으로 트라우마를 가지고 있을 가능성이 있다.

말하기 선수들은 언어가 사람들의 가슴에 어떤 이미지를 불러일으키는 알고 있으며, 이를 잘 활용한다. 사람들이 어떤 어휘에 마음이 움직이고 감동하는지 잘 알고 있을 뿐 아니라 상황에 맞는 적절한 단어를 선택할 줄도 안다. 이런 이유로 말하기 달인들은 청중의 머릿속에 이야기로 집을 짓기도 하고 열정의 파도를 만들어낼 수도 있다.

말하기란 화자의 입에서 발화된 단어들이 상대방의 귀로 흘러들어가 그들의 가슴에 하나의 이미지를 만드는 과정이다. 내 입에서 나온 단어가 무엇이냐에 따라 상대방은 귀를 솔깃하기도 하고 마음의 문을 닫을 수도 있다. 우리가 고민해야 할 첫 번째 문제는 이것이다.

'어떤 단어를 사용할 것인가?'

오바마의 단어

품격 / 공동의 목적 / 민주주의 / 연대 / 번영 / 도전 / 미래 / 잠재력 / 변화 / 정의 / 평화 / 평등한 대우 / 신념 / 가치 / 정신 / 믿음 / 권리 / 원칙

오바마 대통령이 자주 사용하는 단어들이다. 한 자리에 모아놓고 보

니 일상적 대화에서 쓰는 어휘와 차이가 느껴진다. 책에서나 봄직한 표현들이다. 오바마식 말하기의 비밀은 여기에 있다. 일상적 공간에서는 듣기 어려운 단어, 활자로나 접하던 용어를 '자연스럽게' 다룬다는 사실이다.

'품격'이라는 말을 들으면 사람의 인격이나 성품에 대한 생각을 떠올린다. '정의'나 '평화'라는 말을 들으면 고단한 현실을 넘어 높은 이상과 멋진 미래를 상상하게 된다. 오바마가 사용하는 단어들은 우리의 정신을 고양시키고 우리를 보다 나은 존재로 상승시켜준다.

우리가 좋은 단어를 선택해야 하는 이유가 여기에 있다. 어떤 단어를 사용하느냐에 따라 듣는 이의 마음모양이 달라진다. 우리가 명심해야 할 것은 이것이다. 좋은 단어, 품격 있는 어휘를 쓸 때 좋은 결과를 얻을 수 있는 확률이 커진다.

우리는 오늘 두려움보다는 희망을 선택했고, 갈등과 불화보다는 목적을 위한 단결을 선택했기 때문에 여기 모였습니다.

우리는 오늘 우리의 정치를 오랫동안 옥죄어왔던 작은 불만들과 거짓 공약들, 상호비방과 낡은 독단들에 종식을 고하기 위해 여기에 왔습니다.

이제 우리의 인내심을 다시 확인할 때가, 더 나은 역사를 선택할 때가, 세대를 지나면서 물려받은 소중한 선물인 고귀한 이상을 다시 미래로 넘겨줄 때가 왔습니다.

오바마의 말에는 '갈등, 불화, 상호비방, 독단' 같은 부정적인 말들과 '종식, 고귀한 이상' 등의 단어들이 혼재해 있다. 부정적인 단어를 통해 현재의 문제를 부각시키고 긍정적인 단어를 통해 나아갈 방향을 떠올리게 하는 것이 그의 표현법이다. 이런 방법은 방향을 제시할 때 활용할 수 있는 좋은 모범이 될 수 있다.

만약 위의 단어들을 오바마가 아니라 트럼프가 사용한다면 어떨까? 트럼프의 표현도 오바마처럼 힘이 있을까? 쉽지 않을 것이다. 트럼프가 나쁜 대통령이라는 말이 아니다. 트럼프에게는 그에게 어울리는 단어가 있다. 아무리 좋은 말이라도 자기 몸에 맞지 않으면 어색하게 느껴진다. 그래서 포인트가 '좋은 단어 선택'에서 '나에게 어울리는 좋은 단어 선택'으로 옮아간다.

누구에게나 어울리는 단어가 있다

사람에게는 각자 어울리는 단어가 있다. 한 사람의 생각이나 삶의 방식을 잘 담아낼 수 있는 어휘가 따로 있다. 어떤 사람에게는 '생산성'이라는 말이 어울리고 어떤 사람에게는 '성찰'이 그의 옷 같다. 앞사람은 발전하기 위해 노력하는 사람이고 뒷사람은 자기를 돌아보는 일에 익숙한 사람이다. '효율, 투자, 노력, 발전'을 외치던 사람이 어느 날 갑자기 성찰에 대한 이야기를 꺼내면 어색하게 들린다.

좋은 말하기를 위해서는 나에게 잘 맞는 단어를 탐색할 필요가 있다.

거인의 말

자신의 세계관이나 삶의 태도를 잘 반영한 단어들이 필요하다. 그런 단어들을 적절히 쓸 때 말이 자연스러워진다. 아무리 좋은 단어라도 입에 붙지 않고 내 이미지와 맞지 않으면 듣는 상대방도 낯설어한다.

　그렇다고 현재의 내 이미지만 따져서 어휘를 고르라는 뜻은 아니다. 긍정적인 생각과 상승감을 줄 수 있는 어휘를 선택하여 내 생각에 긍정적 변화를 이끌어내는 노력도 필요하다.

내가 찾은 단어, '의미'

단어가 사람에게 어떤 영향을 끼치는지 알게 된 후 나 역시 나에게 맞는 단어들을 찾으려고 노력했다. 그리고 내 삶의 방향을 잘 담아낼 수 있는 핵심단어를 결정했고 이를 자주 쓰고 있다. 그 단어는 바로 '의미'다.

사람은 누구나 자기 삶에 대한 의미를 찾고 싶어 한다. 공부를 하든, 직장생활을 하든, 사람을 만나든 경험에서 의미를 발견할 때 깨달음이 오고 즐거움과 행복을 느낀다. 가치 있고 의미 있는 일이라면 노력을 아끼지 않는 것이 사람이다. 그동안 책을 읽고 깨달은 것은 세상에는 수많은 의미가 있고 그 의미를 발견한 사람은 행복하다는 사실이었다.

'의미'라는 단어를 찾아낸 뒤 의도적으로 대화 중에 활용하려고 노력했다. 그러다보니 지금은 익숙해졌고 자연스럽게 쓸 수 있게 되었다. 처음에는 어색하지만 자꾸 사용하다보면 내 것이 된다.

오늘 좋지 않은 일을 당하셨군요. 인생에 좋은 일만 있을 수는 없겠죠. 나쁜 일이라 해도 인생에 도움이 될 수 있는 어떤 의미가 숨어 있을 수 있습니다. 그걸 찾을 수 있다면 좋지 않은 일도 가치 있는 경험으로 변화시킬 수 있습니다.

거인의 말

이런 표현들이 자연스러워졌다. 더욱 좋은 것은 나 스스로 일상의 의미를 발견하려고 노력하기 시작했다는 것이고 덕분에 행복감도 높아졌다.

단어를 선택하는 방법

❶ 나에게 어울리는 단어들을 선택해서 말한다.

❷ 나에게 어울리는 단어들과 함께 사람들에게 긍정적인 생각과 상승감을 일으키는 단어들을 연결한다.

❸ 일상에서 자주 사용해서 익숙한 것으로 만든다.

2.

'우리'를 말하면
'우리 편'이 된다

'우리'의 힘

오바마 대통령은 퇴임 직전까지 55%가 넘는 높은 지지율을 유지했고, 임기 중 최고 지지율은 67%에 달했다. 미국의 첫 흑인 대통령으로 당선된 그는 재임기간 소외된 이들과 약자의 편에 서는 한편 통합정책을 실천했다. 인종과 종교를 뛰어넘어 미국인을 하나로 묶으려고 시도했고, 지도력을 인정받았다.

미국인들은 이런 오바마를 존경했고 신뢰했다. 그의 눈동자는 사람들의 마음을 흔들었고 그의 입은 사람들을 움직이게 했다. 흑인이라는 약점을 극복하고 세대와 인종을 뛰어넘는 통합의 정치가 가능할 수 있었던 것은 물론 그의 리더십 때문이었겠지만 그 리더십은 무엇보다 말의 힘에 크게 빚지고 있다.

이제 그가 영향력을 미치는 방법을 살펴보자.

트럼프 당선인에게 권력이양에 필요한 모든 조치를 취할 것입니다.

오바마 대통령이 퇴임연설을 위해 강단에 섰다. 트럼프 당선인에게 권력을 이양하겠다고 말하자 오바마를 지지하고 트럼프에 반대하는 사람들의 야유가 쏟아졌다. 하지만 이어지는 그의 말 때문에 야유는 금세 가라앉았다.

그래야 우리 정부가 지금 처한 상황을 극복할 수 있는 모든 조치를 취할 수 있습니다.

권력을 이양하는 활동이 순조로워야 다음 정부가 지금의 위기를 극복하는 데 필요한 조치를 계속해 나갈 수 있다는 점을 지적한다.

그가 사용한 표현에서 가장 돋보이는 단어는 무엇일까? 바로 '우리 정부'라는 말이다. 트럼프와 나는 정당과 색깔이 다르지만 미국 정부를 이끌면서 국민들을 위한 정책을 추진해야 한다는 점에서는 같다는 것을 '우리'라는 말로 표현했다. 덕분에 정치적 성향이 다르다는 이유로 트럼프를 반대하던 청중은 자신의 소견이 좁았음을 인식하게 된다. 이렇게 그는 '우리'라는 말을 통해 사람들이 나를 뛰어넘어 전체를 생각하도록 만들었다.

인식의 지평을 넓혀라

'우리'라는 말은 '나'에 갇힌 사람들에게 인식의 지평을 확장시켜 준다. 더 큰 것을 생각하게 만들고 각자가 하나로 연결되어 있음을 깨닫게 한다. 사람은 자신에게 깨달음을 준 존재를 높이 평가한다. 우러러보고 존중해 마지않는다. 이것이 인식의 지평을 넓혀주는 효과다.

나만을 생각하던 사람들이 우리라는 것을 깨닫게 되자 그 충격은 고스란히 오바마에 대한 존경과 열광으로 바뀐다. 그의 말이 이어진다.

> 우리는 그 문제들에 대처할 수 있는 수단을 가지고 있습니다. 결국 우리는 가장 부유하고 가장 강력하며 이 땅에서 가장 존경받는 나라가 될 것입니다. 우리의 젊음, 우리의 추진력, 우리의 다양성과 개방성, 위기와 혁신을 향한 우리의 경계 없는 수용력은 미래가 우리의 것임을 말해줍니다.

청중이 '우리'를 깨닫게 되자 오바마는 준비된 칼을 뽑는다. 우리의 문제, 우리의 수단, 우리의 나라, 우리의 젊은, 우리의 추진력…… 청중은 '우리'에 전염되고 더 높은 이상으로 치닫는다.

'우리'라는 단어는 참 매력적인 말이다. 갇힌 나를 열어 세상으로 이끌어준다. 나의 생각만 고집하던 작은 존재를 외연이 넓은 존재, 확장된 존재로 탈바꿈할 기회를 제공한다. '나'만를 생각할 때 우리는 작아진다. 작아지면 소심해지고 조심스러워지고 구분 지으려 하고 끝내 두려워진다. 내 것을 지켜야 한다고 느낀다. 반면 우리가 되면 그럴 필요

거인의 말

가 없다. 내 것, 네 것을 구분하는 것이 무의미해진다. 경계가 무너진다. 두려움을 떨친다. 당당해진다. 모두 우리이기 때문이다.

그 잠재력은 오직 우리의 민주주의가 작동할 때 실현될 수 있습니다. 우리의 정치가 우리 국민의 품위를 더 잘 반영할 때 가능합니다. 특정 정당이나 이익을 넘어 공동의 목적이라는 감각을 회복할 수 있도록 도와야 합니다. 이것이 지금 우리에게 가장 절실히 요구되는 것입니다.

오바마는 미래가 우리의 것이라고 말한다. 그러면서 조건을 제시한다. 그 조건은 다름 아닌 민주주의다. 민주적 장치들이 정상적으로 작동할 때 '우리'는 잠재력을 발휘할 수 있다. 민주적 장치를 정상 가동시키는 것은 바로 국민의 품위 있는 행동이다. 특정 정당이나 개인의 이익을 넘어 공동의 목적을 발견하고 합의해야 하며 이것이 우리에게 가장 필요한 것임을 역설한다.

그의 이야기는 '우리'에서 시작해서 '우리'로 끝난다. 우리는 문제 앞에 서 있지만 이를 극복할 수 있는 힘 또한 가지고 있다. 그 힘을 발휘하려면 민주주의를 지켜야 하고 하나의 목적을 위해 단결해야 한다. 나를 넘어 우리를 위해 행동할 때 우리는 함께 행복할 수 있다. 이것이 그가 하고 싶었던 말이었다.

나를 넘어서는 말들

미국은 개인주의적 성향이 강한 나라다. 동시에 인종과 민족도 다양한 다민족국가다. 이 때문에 갈등이 많다. 개인과 집단의 분신을 방치하면 자칫 이해관계의 충돌을 불러오고 사회는 급격한 분열 양상을 보이며 수많은 갈등비용을 지불해야 할 수 있다. 오바마는 이를 알기 때문에 '우리'를 강조한다.

이런 상황은 우리나라도 다르지 않은 것 같다. 우리나라는 전통적으로 '우리'를 강조하는 민족으로 알려져 있지만 최근의 분위기를 보면 미국 못지않게 개인주의적 성향이 널리 퍼졌다. 동시에 역사적 반복처럼 보이는 사회 분열은 근래 들어 더욱 가속화되었다. 여전한 지역감정과 금수저 흙수저로 대변되는 소득 격차, 세대 간 갈등은 우리 사회 발전의 커다란 장애물이다. 개개인이 자기 능력을 발휘해서 자기 삶의 터전을 다지는 건 좋은 일이다. 특정 조직이나 집단이 자기 이익을 위해 움직이는 건 별 문제가 아닐 수 있다. 하지만 나와 내가 속한 집단에만 매몰된 나머지 타인과 우리, 전체를 배려하는 마음이 없다면 사회는 생존과 경쟁 속에서 갈가리 찢기고 만다. 각자도생으로 분열된 사회는 갈등과 파국을 피할 길이 없다. 그 사이에서 약자는 도태하는 비극을 맞는다. 그 약자가 내가 되지 말란 법은 없다.

사람들과 이야기를 나누다 보면 그가 쓰는 단어를 통해 그 사람의 생각과 가치관을 알 수 있다. 돈, 직장, 생계, 스트레스, 자식 자랑, 승진 같은 일상적 어휘를 자주 입에 담는 사람이라면 그의 마음은 현실에 머

거인의 말

물러 있다고 볼 수 있다. 반면 꿈, 이상, 비전, 희망, 노력, 성취 같은 단어들이 많이 발견되면 발전적 미래를 향해 생각이 뻗어가고 있는 사람이라는 뜻이다. 한편 가치, 의미, 윤리, 평등, 성찰, 민주주의, 철학, 세계관 같은 단어가 유독 눈에 띈다면? 분명 범상치 않은 사람이라는 느낌을 받게 된다. 생계에 쫓기는 소소한 서민적 일상을 넘어 더불어 사는 사회를 생각하기 때문이다.

사람들은 '가치, 의미, 윤리' 같은 단어를 입에 올리는 사람을 남다르게 본다. 뒤집어 보면 이런 단어들이 사람들에게 깊은 영향력을 미친다는 뜻이기도 하다. 따라서 사람들을 일상적 관심사에서 벗어나 더 큰 세계로 이끌기 위해서는 이런 추상명사들을 사용할 수 있느냐가 관건이 될 수 있다. 만일 공존의 가치를 담고 있는 단어를 사용하고 싶다면 이 단어들에 익숙해져야 한다. 그 단어들이 자신의 가치관이 되고 평소 표현이 훈련되어야 가능한 일이다.

늘 '우리' 생각하기

나를 넘어 우리로, 현실을 넘어 보다 넓은 인식의 지평으로 안내하는 말하기는 오바마의 탁월한 능력임이 분명하다. 이런 말하기를 알게 된 후 어떻게 적용할 수 있을까 여러 날 고민에 빠졌다. 그래서 얻은 표현들 중 하나를 살펴보자.

대화를 하다보면 자기 자랑을 많이 하는 분들이 있습니다. 자신의 공적을 늘어놓거나 자식 자랑에 열을 올리는 말들이 그렇습니다. 이런 말을 듣게 되면 질투심이 생기는 경우가 있습니다. '나는 뭘 했나' 하는 생각에 괜히 울적해지기도 하죠.

하지만 이것은 '나'라는 좁은 울타리에서 벗어나지 못하고 있기 때문에 생기는 현상입니다. 자기 자랑을 하는 사람을 만나시거든 더 큰 생각을 해보시기 바랍니다. 내 공적, 내 자식을 생각하지 말고 우리를 생각하는 것입니다. 내 자랑을 늘어놓거든 우리 세상의 문제를 생각하고, 자식 자랑을 늘어놓거든 우리 아이들의 미래를 떠올리십시오. 그 순간 상대방은 물론 여러분도 '나'라는 좁은 울타리에서 벗어날 수 있습니다. 보다 큰 생각을 가진 존재가 되는 것입니다.

거인의 말

"인생에 대해 작별을 고하지 못하는 노인은 인생을 포용할 수 없는 젊은이와

마찬가지로 연약하고 병약하게 보인다."

심리학자 칼 융의 말입니다. 한 단계 나아가려면 지금 가진 것을 내려놓아야

합니다. 가진 것에 집착하는 사람일수록 연약해 보입니다. 그 사람을 지배하

려면 그가 집착하는 것을 붙잡으면 되는 일이니까요. 작은 것이 아닌 큰 것

으로 나아가야 합니다. 그때 나는 우리가 될 수 있고 우리는 큰 사람으로 성

장합니다.

이런 말들을 자주 할 수는 없을 것이다. 자주 한다고 좋게 받아들여

지는 건 아니고, 재미있지도 않다. 가끔 필요한 순간에 던질 수 있으면

된다. 그러자면 스스로 인식의 지평을 넓혀야 한다. 자기에 갇히지 말

고 우리를, 현재에 머물지 말고 그 너머를 생각하자. 이것이 오바마를

알고 난 후 슬로건이 되었다.

인식의 지평을 넓히는 말하기

❶ 나 혹은 보통 사람들이 가진 현실적 생각이나 상황을 말한다.

❷ 우리 혹은 현실을 넘어 큰 의미와 가치를 말한다.

❸ 덕분에 어떤 상황이 될 수 있는지 좋은 점을 들려준다.

3.

구체적인 예시를

첨가한다

예시는 연관성을 높인다

며칠 전에 분명히 말했는데 상대방이 기억하지 못하는 경우가 있다. 있는 정도가 아니라 아주 많다. 오늘도 기억하지 못하는 그를 위해 당신은 이렇게 말한다.

"지난번에 이야기했잖아!"

얼마나 자주 이 말을 하는지 떠올려보라. 사람들은 타인의 이야기에 집중하지 못한다. 이유가 뭘까? 자기와 관련이 없는 얘기이기 때문이다.

사람들은 어떤 식으로든 자기와 연관성이 떨어지는 얘기는 잘 기억하지 못한다. 설령 관련이 있다고 하더라도 '체감적 연관성'을 느낄 수

거인의 말

없으면 금방 잊는다.

그렇다면 사람들에게 오늘 내 이야기가 당신과 관련이 아주 깊다는 사실을 알려주려면 어떻게 해야 할까? 오바마 대통령을 통해서 그 방법을 알아보자.

> 미국은 광범위한 폭력과 증오에 맞서 전쟁을 펼치고 있으며 우리의 경제는 일부의 담욕과 무책임의 결과로 내난히 약화되어 있습니다. 우리는 총체적 난국에 빠져 있고, 새로운 시대를 위한 선택과 준비에 어려움을 겪고 있습니다. 주택 압류, 실업, 사업 실패, 값비싼 의료비, 교육정책 실패…… 매일같이 들려오는 소식은 우리가 에너지를 너무 낭비하고 있다는 증거입니다. 우리는 우리가 지닌 힘을 엉뚱한 곳에 쓴 나머지 적을 강력하게 만들고 있을 뿐 아니라 지구를 위험에 빠뜨리고 있습니다.

오바마 말하기의 특징 중 하나는 사람들이 망각의 동물이라는 사실을 잘 알고 있는 듯 추상적 단어로 이루어진 주장 사이에 이를 뒷받침하는 구체적인 예시를 섞는다는 점이다. 예시는 사람들이 자신의 주장을 피부로 받아들이도록 돕는 역할을 할 뿐 아니라 잠시 망각하고 있던 사실을 환기시켜주는 효과가 있다.

'우리는 지금 위기에 빠져 있다'는 얘기는 너무 많은 정치인이 말해왔기 때문에 그 자체는 식상할 수 있다. 그걸 모르는 사람이 어디 있느냐는 반응도 나올지 모른다. 이런 반응을 무색하게 만드는 방법은 구체적인 사례를 제시해서 나의 사건으로 느낄 수 있도록 돕는 것이다. 오바마는 주택 압류, 실업, 사업 실패 등으로 구체적인 예시를 들면서 귓등으로 흘려들을 수 있는 얘기 속으로 사람들의 관심을 불러 모은다.

자기자랑도 방법이 있다

구체적인 예시를 든다는 말은 해당 문제에 대해 충분히 알고 있다는 뜻이다. 데이터와 자료를 통해 국가적 현안을 파악하고 있음을 말해준다. 잘 알고 있는 내용은 자신 있게 말할 수 있다. 자신감은 구체적인 사실 파악에서 비롯된다. 말하는 사람의 자신감은 듣는 사람에게 고스란히 전달된다.

저는 우리가 모두 한 사람인 것처럼 서로 관계를 맺고 있다고 믿습니다. 만약 시카고 남부에 글을 읽을 수 없는 아이가 있다면 제 아이가 아니라고 해도 그것은 저의 문제입니다. 만약 어딘가에 살고 있는 노인이 약값을 내지 못해 약값과 집세 사이에서 고민하고 있다면 그 분이 저의 할아버지가 아니라고 해도 저의 삶은 더 가난해집니다. 만약 어느 아랍계 미국인 가족이 변호사도 선임하지 못한 채로 적법 절차 없이 체포된다면 그 사건은 제 시민권을 위협하는 것입니다.

오바마는 우리 모두가 서로 연결된 존재임을 말하고 싶다. 이를 위해 자세한 예시를 통해 자기주장을 생생하게 전달한다. 의사소통에서 우

거인의 말

리가 저지르는 중대한 오류 가운데 하나는 '말하지 않아도 알겠지'라는 근거 없는 추측이다. 사람들은 말하지 않으면 모른다. 도대체 빈 칸으로 남겨놓은 부분까지 우리가 어떻게 알 수 있겠는가.

내가 느끼는 것을 상대방에게 전달하려면 친절해야 하며, 그 친절함은 예시를 통해 달성된다. 오바마의 말하기에는 친절함이 있다. 이런 방식은 자신의 업적을 소개할 때도 힘을 발휘한다.

만약 제가 여러분에게 8년 전에 미국이 불황을 이겨낼 것이라고 말했다면, 우리의 자동차 산업을 부활시켜낼 것이라고 말했다면, 역사상 가장 긴 일자리 창출을 이뤄낼 것이라고 말했다면, 쿠바와 새로운 관계를 열 것이라고 말했다면, 이라크의 핵무장 프로그램을 단 한 발의 총성 없이 중지시키겠다고 말했다면, 911테러의 배후인물을 찾아낼 것이라고 말했다면, 2000만 명의 우리 동료시민들을 위한 의료보험제도를 구축할 것이라고 말했다면, 여러분은 우리의 목표가 지나치게 높다고 생각했을 겁니다. 하지만 이것이 바로 우리가 해낸 일입니다.

유심히 볼 점은 오바마가 '제가 이런 일들을 해냈습니다'라고 직접적으로 말하지 않는다는 사실이다. 그가 열거한 것은 8년 전 자신이 약속하지 않았던 일들이었지만 임기를 거치면서 해낸 일들이다.

덕분에 사람들은 이 일들이 자신들이 이룬 결과라는 사실을 알게 된다. 오바마는 '우리'를 강조하지만 대중들의 환호를 받는 것은 자신이라는 점을 잘 알고 있는 듯하다. 자신의 치적을 자랑하지 않으면서 자신을 높인다. 자기 자랑에도 방법이 있다.

연말이 되면 연봉협상을 해야 하는 직장인들이 있다. 이런 직장인에게 필요한 것이 무엇일까? 자신이 달성한 성과에 대한 구체적인 자료와 통계다. 이를 제시할 때 상대방을 설득할 수 있고 연봉도 높일 수 있다. 실체가 없는 말은 아무리 귀에 달콤해도 소용없다. 자료와 통계가 결과를 말한다. 오바마는 지금 자신의 가치가 어떻게 평가되어야 하는지를 말하고 있는지도 모른다.

설득의 3요소

인권운동가들에게 '어느 정도면 만족하겠느냐'고 묻는 사람들이 있습니다. 흑인들이 경찰의 무자비한 폭력의 공포에 희생되는 한 우리에게 만족이란 없습니다. 흑인들이 여행하다 지쳤을 때 고속도로 근처의 여관이나 시내의 호텔에서 잠자리를 얻을 수 없는 한 우리는 만족할 수 없습니다. 흑인의 이주가 고작 작은 흑인 거주지에서 더 큰 흑인 거주지로 가는 것이 전부일 때 우리는 만족할 수 없습니다. 미시시피의 흑인들이 투표권을 행사하지 못하고, 뉴욕의 흑인들이 투표를 할 이유를 찾지 못하는 한 우리는 만족할 수 없습니다.

킹 목사의 경우를 보자. 흑인인권운동가들의 활동에 반감을 가진 사람들이 묻는다. 도대체 언제쯤 만족할 수 있겠냐고. 킹 목사는 예시 형

거인의 말

태로 대답한다. 그 예시는 흑인들이 처한 현실을 고스란히 보여준다. '당신 같으면 이런 상황에서 만족하겠느냐'며 분노할 수도 있었겠지만 절대 흥분하지 않고 납득될 만한 예시를 제시한다.

그렇다면 주장을 뒷받침할 수만 있다면 모든 예시는 다 좋은 걸까? 어떤 예시가 적당한지는 말하는 사람이 결정할 문제가 아니다. 도리어 듣는 사람이 어떤 사람인지, 듣는 이가 어떤 상황에 처해 있는지에 따라 결정된다. 그들이 처한 상황에 맞는 예시일 때 좋은 예시가 된다.

아리스토텔레스는 설득의 3요소를 에토스(Ethos), 파토스(Pathos), 로고스(Logos)로 설명한다. 에토스는 말하는 사람의 카리스마나 영향력을 말하고, 파토스는 듣는 사람의 심리상태를 잘 살펴 그것에 맞추는 것이다. 내가 영향력이 있는 경우라면 말하기에 유리하다. 듣는 사람이 기분이 좋거나 그와 관련된 내용의 주제라면 의사전달이 용이해진다. 마지막 로고스는 말이 가진 논리력을 말한다. 로고스는 논리 혹은 질서라는 뜻이다. 말의 내용이 논리적으로 정리되고 질서 잡혀 있는지에 따라 수용성이 달라질 것이다.

그런데 예시는 설득의 3요소를 돕는 역할을 한다. 예컨대 명확한 근거나 구체적인 예를 들 수 있다면 로고스를 확보하는 데 유리해진다. 또한 구체적인 예를 들어 설명하는 방법은 듣는 사람의 상황이나 성향을 살피는 파토스와도 연관이 있다. 심지어 예시를 드는 것은 말하는 사람의 전문성을 느끼게 할 수 있다는 점에서 에토스적 효과도 발휘한다.

현실에 적용하기

　예시를 드는 방법은 '미래의 도전과 응전'에 관한 주제와 아주 잘 어울린다. 언젠가 들었던 학원 관계자의 말하는 모습을 떠올리며 정리해 보았다.

우리의 교육현장은 변해야 합니다. 변할 수밖에 없습니다. 통계기관의 자료에 의하면 2020년이 되면 2015년 대비해서 학생수가 8백만 명이 줄어들 것이라고 합니다. 특히 고등학생의 수가 5백만 명이 줄어듭니다. 우리 회사가 주력으로 삼고 있는 수학프로그램은 고등학생을 대상으로 하고 있습니다. 우리는 더 이상 학생들과 고객들이 우리를 찾아오리라고 기대할 수 없는 상황입니다. 우리 외에도 갈 수 있는 곳이 많기 때문이 아닙니다. 학생들이 없기 때문입니다.

저의 눈에는 몇 년 후의 모습이 눈에 선하게 그려집니다. 학생들을 받지 못해 문을 닫는 동네의 학원들, 더 이상 교재가 팔리지 않아 전업을 고민하는 출판사들, 학급이 축소되어 어쩔 수 없이 길거리로 나오는 강사들과 선생님들. 이것이 우리의 미래입니다. 지금 우리에게 주어진 선택은 하나뿐입니다. 변화, 미래에 맞춰 미리 대응하고 준비하는 것입니다.

꼭 미래에 닥칠 상황이 아니어도 좋다. 어떤 말하기에나 구체적인 예시는 큰 도움이 된다. 어려운 용어를 설명할 때 예시는 이해를 돕는 중요한 수단이 된다. 특히 철학적 주제처럼 다루기 힘들고 이해하기 힘든 이야기일수록 유용하다. 철학 강의를 하다보면 현상과 본질에 대해 이야기할 수밖에 없다. 서양철학의 주제가 현상을 넘어서 존재하는 본질에 대한 탐구이기 때문이다. 이때 현상과 본질이라는 개념을 어떻게 설명을 할까 고민하다가 예시를 찾있다.

화자 : 제가 어릴 때 할머니께서 무릎이 쑤신다는 말씀을 자주하셨습니다. 그리고 하늘을 쳐다보곤 하셨죠? 그럴 때면 흐리거나 먹구름이 잔뜩 낀 경우가 많았습니다. 제비도 낮게 날고 있었죠. 이런 것들을 현상이라고 합니다. 무릎이 쑤시고, 날씨가 흐리고, 제비가 낮게 나는 것. 이런 현상들 뒤에 숨어 있는 것이 본질입니다. 이때 본질은 무엇일까요?

청중 : 비가 온다.

화자 : 그렇습니다. 이처럼 본질은 현상들을 불러오는 근본적인 원인들을 가리키는 말입니다. 혹시 현상과 본질을 설명할 수 있는 생활 속의 경험이 계실까요?

청중 : 있습니다. 제가 밥을 먹자고 하는데 직장동료가 일이 있다고 피합니다. 회의를 할 때 저와 멀리 떨어져 앉고요. 다른 동료의 이야기를 들어보면 저에 대한 험담도 한다고 합니다. 이런 현상들을 종합해볼 때

이제 본질을 알 것 같습니다.

화자 : 그 사람이 당신을 싫어하는군요.

청중 : (모두 웃음)

이렇게 강의를 진행했더니 이해하기 쉬웠고 재미도 있다는 평가를 많이 받았다. 덕분에 강의 평가에서 후한 점수를 얻었고 말하기에 자신감도 생겼다. 이런 경험을 통해 구체적인 예를 드는 것이 얼마나 중요한지 실감했고 말하기를 준비할 때 어떤 예를 들지 생각하는 시간이 늘었다.

예를 들어 말하는 방법

❶ 말하고자 하는 것을 메시지로 표현한다.

❷ 그것이 어떤 영향으로 다가오는지 구체적인 예시를 제시한다.

❸ 관련된 실제 사건(혹은 근사치한 이야기)이나 통계수치를 제시하는 것도 좋다.

거인의 말

4.

만능재주꾼

인용 쓰기

인용은 신뢰감을 높인다

말은 해야겠는데 상대방이 내 말을 어떻게 받아들일까 걱정될 때가 있다. 이때 말에 품격을 높이거나 자연스럽게 이야기를 이어가는 좋은 방법이 하나 있다. 말을 잘하는 사람들도 이 방법을 자유자재로 사용하며 폭넓게 활용한다. 바로 인용이다. 유명인의 명언, 책 속의 말, 오며가며 들었던 좋은 문장들로 이야기를 풍성하게 만들고 핵심을 짚는 방법이다. 인용하기는 신뢰감을 끌어올리고 자기주장을 객관화시키며 정리를 돕는 등 수많은 효과가 있다. 잘만 활용하면 멋진 말하기와 글쓰기 방법이 된다.

조앤 롤링은 기억에 남는 책의 한 구절을 인용한다.

저는 열여덟 살 때 알지도 못하는 무언가를 찾아 헤매다 고전문학을 만나 많은 것을 배웠습니다. 그때 만난 것이 그리스의 작가 플루타르크의 말이었습니다.

"우리는 내면의 성취를 통해 외부 세계를 변화시킨다."

이 놀라운 문장은 우리의 삶에서 하루에도 수천 번씩 그것을 증명해주고 있습니다. 우리는 외부와 필연적으로 연결되어 있기 때문에 존재하는 것만으로도 이 세상에 영향을 미칩니다.

자신이 읽었던 책이나 들었던 말들을 말하기의 소재로 끌어들이는 것은, 인용의 가장 흔한 활용법이다. 조앤 롤링은 인용문을 언급한 뒤 자신의 메시지와 인용 사이에 어떤 연관성이 있는지 설명한다. 그녀가 풀어낼 다음 이야기가 외부 세계에 좋은 영향을 미칠 수 있는 사람이 되자는 것임을 충분히 짐작할 수 있다.

인용을 하는 가장 큰 이유는 전문가 혹은 명성이 높은 사람의 이름을 빌려서 신뢰성을 높이기 위함이다. 내가 한 말이 아니라 유명인의 말이라는 데에서 듣는 이는 신뢰감을 느끼고 말하는 사람은 부담감을 줄일 수 있다.

인용은 말을 부드럽게 만든다

노무현 대통령도 인용을 활용한 적이 있다.

거인의 말

오늘 아침 저는 유종근 전북지사가 지으신 〈유종건의 신국가론〉이라는 책을 읽었습니다.

"신뢰, 협동이라는 이 사회적 자본을 한국이 제대로 구축하느냐 못하느냐에 한국의 미래가 달려 있다. 앞으로 사회에 있어 생산성은 생산요소의 투입에 있는 것이 아니라 기술혁신에 있는 것이 아니라 그 토대가 되는 사회적 신뢰를 어떻게 구축해 가느냐에 달려 있다."

이런 말이 적혀 있었습니다. 제가 정말 하고 싶던 밀이 있어서 반가웠습니다. 문제는 그 사회적 신뢰를 '어떻게 만들어갈 것이냐'입니다.

화자는 최근에 읽었던 책을 거론하면서 내용을 소개한다. 이 책에는 화자가 하고 싶었던 말이 담겨 있다. 나만의 생각이 아니라는 뜻이다. 객관성이 담보된다. 나아가 이 인용 방식에서 노무현 대통령은 한 가지 독특한 방식을 활용한다. '반가웠다'는 자기 느낌을 밝힌다. 덕분에 자기 메시지로 넘어가는 연결고리가 부드러워진다. 목 넘김이 자연스럽다. 본론으로 쉽게 진입한다.

인용은 청중을 고양시킨다

오바마 대통령의 취임식 연설에서도 인용이 등장한다. 미국이 탄생하던 당시를 상상하며 차디찬 겨울 강둑의 모닥불 주위에 모인 독립군들에 대한 이야기를 꺼내면서 인용은 시작된다.

수도는 적군에게 빼앗겼고 적군은 진군 중이었으며 눈은 피로 물들어 있었습니다. 독립의 성공 여부가 가장 불확실해 보였던 바로 그때 미국 건국 아버지들은 다음과 같은 말을 남겼습니다.

"미래의 세상에 이렇게 기억되고 싶습니다. 한겨울에 오직 희망과 선만이 살아남은 그때 하나의 공동 위험에 맞서 이 도시와 이 나라가 나섰다고 말입니다."

미국은 현재 공동의 위험에 직면했고 고난의 추운 겨울을 맞이하고 있습니다. 세월이 흘러도 변치 않는 이 말을 기억합니다. 희망과 선으로 다시 한 번 혹독한 이 시기를 이겨냅시다.

인용에서 가장 중요한 것은 자신이 말하고자 하는 주제와 연관성이 높은 말을 가져와야 한다는 점이다. 인용 이후에는 반드시 나의 이야기로 돌아와야 한다. 오바마 역시 독립군들의 상황과 그들이 남긴 말을 소개하고 이를 자기 주제로 연결시킨다. 선조들이 해냈듯이 우리도 다시 한 번 이겨나가자고 역설한다. 그런데 오바마의 인용에는 독특한 점이 있다. 그는 인용한 문구와 이 이야기를 듣는 사람을 연결하는 매개자가 된다. 오바마의 이야기를 들은 청중은 자신이 숭고한 조상들의 영혼과 함께 있음을 느끼고 우리도 할 수 있고 해야 한다는 사명감에 사로잡힌다.

거인의 말

말하기를 위한 인용이 아니라 실제 삶을 위한 인용

오프라 윈프리는 역경을 딛고 성공에 이른 미국식 인생역전의 대표 주자 가운데 한 명이다. 하지만 하버드 대학교 연설을 앞두고 그녀는 자신의 경력에서 최악의 상황에 직면해 있었다. 25년간 진행하던 오프라 윈프리 쇼를 내려놓고 2011년 1월 야심차게 출발한 '오프라 윈프리 네트워크(OWN)' 케이블 방송 사업이 해를 넘어서도 실패를 거듭하고 있었기 때문이다. 언론에서는 그녀의 실패담을 늘어놓으며 비즈니스맨으로서는 낙제점이라고 평가했다.

물론 아직 회사가 망한 건 아니었다. 그러나 때로 비즈니스라는 게 소문에 예민한 경향이 있는 법이다. 이미 세상 사람들이 모두 오프라 윈프리를 의심의 눈으로 보고 있었다. 이 여성이 과연 언제쯤 사업 실패를 선언하고 손을 뗄 것인가?

좌절감에 시달리던 2012년 하반기에 마침 하버드 대학에서 졸업식 연설 요청이 들어왔다. 내 코가 석 자인데 남에게 조언할 처지가 될까? 압박감에 시달리던 그녀는 아직 반 년이 넘게 남은 졸업식을 생각하며 그 시간 안에 사태를 바꾸겠다고 결심한다.

드디어 2013년 5월이 되었다. 오프라 윈프리는 강단에 섰다. 그리고 자신이 연설을 수락한 이유를 이렇게 설명한다.

구렁텅이에 빠진 듯했던 제게 이런 말이 떠올랐습니다.

"역경은 오래가지 않는다. 이 또한 곧 지나가리라."

전 샤워를 하고 나오면서 생각했습니다. 꼭 성공시키겠다. 더 나은 사람이 되겠다! 그 사이 벌어진 모든 일을 학생들 앞에 섰을 때 솔직하게 말해야지! 그래서 오늘 여러분들에게 말하겠습니다.

전 오프라 윈프리 네트워크를 성공시켰습니다. 이 자리에 서기 전에 꼭 성공시키겠다고 다짐했던 덕분입니다. 여러분 덕분입니다. 고마워요.

그 반 년 사이 오프라 윈프리 네트워크는 회사 설립 이후 처음으로 흑자 전환에 성공했다. 그 후의 연설 내용은 실패를 다루는 방법에 대한 이야기다. 실패에서 배우고 보다 나은 방법을 찾아내는 것이 실패의 의미라는 것이다.

여기서 우리가 주목할 것은 '이 또한 곧 지나가리라'는 인용구다. 구약성서의 이야기에서 나온 이 말은 널리 회자되는 말 가운데 하나다. 그런데 이 말을 인용한 사람이 누구인가? 실패의 쓴맛을 보고 있던 오프라 윈프리였다. 그녀의 입에서 흘러나온 이 말은 조금 다르게 들린다. 그녀가 지금 겪고 있는 일이기 때문이다. 오프라 윈프리 역시 이 말을 다르게 쓴다. 이 말은 청중을 향하는 게 아니라 자기 자신에게 들려주는 형태다. 그리고 그녀는 이 말이 의미하는 실제적인 의미에 충실했다. 실패로 인한 창피함은 시간과 함께 지나간다는 소극적인 의미가 아니라 역경의 순간은 짧고 승리의 기쁨은 다시 찾아오리라는 적극적 의미로 받아들여 그녀 스스로 성공을 향해 나아가는 계기의 순간으로 삼았다. 이 연설을 위해 일부러 마련한 인용이 아니라 그녀가 위기의 순간에 떠올린 문장이라는 뜻이다. 그리고 매스컴의 예측과 달리 그녀

거인의 말

는 멋지게 방송국 흑자 전환에 성공했다. 이런 인용은 어떤 유창한 말보다도 사람들의 가슴에 깊이 새겨진다.

인용을 활용하는 법

인용의 중요성을 알게 된 후 말하기는 물론 글쓰기에서도 인용은 나에게 필수요소가 되었다.

한참 자기계발 책을 많이 읽을 때였습니다. 책을 읽다보니 많은 내용을 알게 되었는데 이것을 어떻게 다 실천해야 할지 걱정스러웠습니다. 그러다가 〈논어〉를 읽었는데 이런 문장을 발견했습니다.

"자로는 들은 것이 있는데 아직 그것을 실행하지 못했을 때는 다른 가르침을 듣기를 두려워하였다."

자로는 공자의 제자입니다. 공자님이 좋은 말을 들려주었으나 아직 이를 실행하지 못했을 때는 새로운 가르침을 듣기를 두려워했답니다. 그만큼 실천을 중요하게 생각했다는 뜻이었습니다.

이 말을 읽고 '내가 그동안 너무 읽기만 하고 실천에 게을렀구나!' 하고 반성하게 되었습니다. 그 후 다독을 접었습니다. 많이 읽어야겠다는 생각을 내려놓으니 훨씬 실천에 집중할 수 있었습니다.

현재에 집중하자는 이야기를 할 때는 아인슈타인의 말을 인용했다.

다들 하루를 바쁘게 지내시고 계실 겁니다. 그런 하루가 지나고 나면 오늘 내가 뭘 했나 싶을 때가 있죠. 저도 그런 날이 많습니다. 글 쓰고, 강의하고, 사람 만나고 일하다 보면 정신없이 하루가 지나갑니다. 이런 날들이 반복되던 어느 날 아인슈타인의 책을 읽다가 이런 문장을 발견했습니다.

"예쁜 여자에게 키스하면서 안전하게 운전할 수 있는 사람이 있다면, 그는 키스에 전력을 다하지 않은 것이다."

그 순간 '내가 인생을 잘못 살고 있구나!' 하는 깃을 느꼈습니다. 여러 가지 일을 하면서 제대로 집중하는 일은 없었기 때문이었습니다. 여러분은 어떻습니까? 어떤 일을 하면서 혹은 사람을 만나면서 그 순간에 집중하고 계십니까? 오늘 저와의 만남은 어떻습니까? 지금 예쁜 여자를 생각하고 계시지는 않습니까? (웃음)

인용은 신뢰감을 주고, 말을 객관적으로 만들고, 연결을 부드럽게 해준다. 나아가 내 삶에서 길어 올린 인용은 이야기에 진정성도 부여해준다. 그리고 무엇보다 말하는 사람이 자신 있게 생각을 펼칠 수 있는 도구가 되어준다. 내가 아는 문장, 감동한 구절들을 잘 갈무리해 두도록 하자. 언젠가 쓰일 수 있도록!

언젠가 상을 받게 되는 날을 위해 준비해둔 인용구가 있다.

제가 상을 받게 되었다는 소식을 듣고 기쁨보다 두려움이 더 컸습니다. 상을 받는 것은 좋은 일이지만 그만큼 중요한 일을 해나가야 한다는 부담도 떠안아야 하는 일이기 때문입니다.

아인슈타인은 '한 인간의 가치는 그가 무엇을 받을 수 있느냐가 아니라 무엇을 줄 수 있느냐로 판단된다'고 했습니다. 지금 받는 이 상이 제 가치를 높여 줄 수 없다는 것을 저는 잘 알고 있습니다. 저의 가치는 앞으로 무엇을 주고 무엇을 할 수 있느냐에 따라 결정될 것입니다. 받기만 하는 사람이 아니 줄 수 있는 사람이 될 수 있도록 노력하겠습니다.

감사합니다.

인용을 통해 말하기

❶ 평소에 가진 고민이나 생각들을 들려준다.

❷ 고민을 해결할 수 있는 문장들을 인용하며 들려준다.

❸ 문장의 의미를 설명하면서 대안을 제시한다.

거인의 말

5.

말의 매듭을 짓고 푸는

정리의 힘

조리 있게 말하기

말에 두서가 없을 때 '조리가 없다'는 표현을 사용한다. 조리란 사물의 질서를 말한다. 조리가 없다는 말은 정리되지 않고 질서가 없어 혼란스럽다는 뜻이다. 사람들이 말하기에 두려움을 느끼는 이유 중 하나가 말을 구성하는 데 자신이 없기 때문이다. 조리 있게 말할 수 있다면 단어 선택이 평범하거나 멋진 미사여구가 없어도 말주변이 없다는 소리는 안 듣는다.

조리 있게 말하려면 무엇을 해야 할까? 두 가지가 우선되어야 한다. 먼저 할 일은 내용 분류다. 예컨대 축구 경기라면 공격수와 수비수가 구분되고, 음식이라면 주 메뉴와 반찬이 나뉘듯이 뒤섞인 여러 내용을 역할에 맞게 주장, 예시, 부연설명 등으로 헤쳐 모은다. 주장과 예시와 설명 등이 마구 섞이면 듣는 사람은 혼란에 빠진다. 따라서 조리 있게 말하기에 앞서 이게 주장인지, 아니면 예시인지 혹은 부연설명인지 구분한다.

다음 할 일은 분류한 내용에 순서 정하기다. 주장을 먼저 제시하고 부연설명을 덧붙인 뒤 예시로 마무리하는 방법이 있을 수 있다. 혹은 이야기를 통해 예시를 든 후 주장을 하고 부연설명을 제일 뒤로 뺄 수도 있다. 정해진 순서는 따로 없으며, 다만 주제나 청중에 맞게 조금씩 변화를 주면 된다. 개인적으로는 이야기로 예시를 든 후 주제를 꺼내는 방법을 선호한다. 이야기는 호기심을 불러일으키고 자연스럽게 주제와 연결시킬 수 있기 때문이다.

정리를 해야 정리된다

오바마는 퇴임연설에서 논리적으로 말하기의 모범을 보여주었다. 그가 쓴 방법 역시 분류와 순서 정하기를 따른다. 그런데 한 가지 더 주목할 게 있다. 그게 정리다. 정리는 조리 있게 말하기에서 가장 핵심적인 부분이다.

그가 퇴임연설에서 강조한 내용은 크게 세 가지였다. 국민에 대한 감사의 마음, 민주주의에 대한 신념, 미래에 대한 희망이 그것이다. 순서도 자연스러웠다. 여기에 하나의 내용을 갈무리할 때마다 마무리용으로 멋진 문장을 넣어 내용이 똑 떨어지도록 만드는 것도 잊지 않았다.

하나씩 살펴보자. 오바마는 먼저 감사의 인사를 던진다. 자신의 젊은 시절을 이야기하며 대통령 당선 후 수행했던 국사를 열거한다. 자신의 재임기간 미국이 지구상 가장 부유하고 가장 강력하며 가장 존경받는 나라의 지위를 지속하게 된 것에 무한한 자부심도 표현한다. 이것이 그가 들려주고 싶었던 첫 번째 주제였다. 그럼 마무리는 어땠을까?

우리는 해냈습니다. 변화를 만든 것은 바로 당신입니다. 여러분 덕분에 미국은 더 강한 나라가 되었습니다.

성과의 공을 국민에게 돌린다. 사람들은 우리가 함께 성취한 업적이라는 오바마의 말에 환호하며 고무된다. 특히나 정리하는 문장은 단정적이다. 단정적인 문장은 힘이 있다.

두 번째로 강조한 것은 민주주의였다. 자신이 재임했던 8년 동안의 변화가 성공적이었고 이 역시 국민 덕분이었음을 강조한 후 자연스럽게 성숙한 민주주의를 어떻게 지켜낼 것인지 국민의 역할에 대한 이야기로 넘어간다.

이런 미국은 민주주의가 작동될 때만 실현될 수 있습니다.

민주주의가 퇴색하면 국가에 변화도 없고, 설령 변화가 있더라도 가치가 없는 변화일 것이다. 그가 무엇을 중요하게 생각하는지 알 수 있는 대목이다. 무슨 일이 벌어져도 민주주의를 지켜나가야 한다는 점을 강조하면서 그는 민주주의를 위협하는 요소에 대한 이야기로 연설을 채워나간다. 사실 이 부분이 오바마 퇴임연설의 핵심이었다. 위협요소들 중에서 그가 강조하는 것들 가운데 하나가 이민자들과 인종에 대한 차별이었다. 그는 미국이 이민자와 인종 갈등 문제를 해결하지 못하면 쇠퇴의 길을 걸을 수밖에 없다고 생각했다. 나아가 오바마는 법률이 이 문제의 해법이 아니라 마음의 문제임을 강조하며 소설 〈앵무새 죽이기〉의 주인공 애티커스 핀치의 말을 인용한다.

당신이 그의 관점으로 어떤 것을 바라보기 전까지, 당신이 그의 피부색을 갖고 그 안에서 살아보기 전까지, 당신은 결코 그를 이해할 수 없습니다.

〈앵무새 죽이기〉에서 애티커스 핀치는 인종차별이 만연한 미국사회에서 흑인 톰 로빈슨을 끝까지 옹호하는 변호사로 등장하는 인물이다. 오바마는 소설 속 인물의 말을 그대로 인용하면서 사람들의 감성을 자극하며 역지사지(易地思之)를 강조한다. 단순히 '입장 바꿔 생각해야 한다'고 메시지를 던지는 게 아니다. 적절한 인용은 감성을 자극하고 공감을 이끌어내는 데 효과적이다.

오바마의 퇴임연설은 민주주의의 위협에 대한 여러 이야기들로 이어진다. 그리고 민주주의 정신으로 나라를 세운 선조들에 대한 이야기와 이를 지켜내기 위해 싸웠던 모습들을 보여준다. 민주주의에 대한 이야기를 마무리하면서 그가 정리 멘트로 선택한 말은 다음과 같다.

우리가 민주주의를 당연한 것으로 받아들일 때 민주주의는 위협받습니다.

이런 말은 우리가 누리고 있는 권리와 자유가 스스로 자라는 나무가 아니라 돌봄이 필요한 어린이임을 발견하게 만든다. 흔히 행복한 사람들의 특징을 있는 그대로의 모습을 사랑하고 만족하는 것이라고 말한다. 자신이 바라는 것을 꼭 이루어야만 행복이 아니다. 자분지족이면된다. 이들은 자신이 누리고 있는 소박한 일상의 소중함을 알고 있다. 오바마 역시 민주주의라는 소박한 진리가 일상과 관습에 파묻히게 내버려두면 위험하다고 말한다. 그의 말은 다음으로 이어진다.

우리는 모두 시민이라는 똑같은 타이틀을 달고 있습니다. 민주주의가 요구하는 것이 바로 이것입니다. 민주주의는 여러분을 필요로 합니다.

민주주의에 대한 그의 여망이 이 문장에 요약되어 있다. 민주주의는 시민의 참여와 노력을 요구한다는 것, 그 여정에 자신도 함께할 것이라는 점이 퇴임연설의 요지였고 그 중요한 순간에 몇 개의 짧고 임팩트 강한 문장으로 정리하며 강조한다.

말을 끝내는 방법

오바마는 연설을 끝낼 때 처음의 이야기로 되돌아온다. 수미상관, 머리와 꼬리가 서로 연관된다는 뜻인데 이는 말을 조리 있게 하는 하나의 방법이다. 처음 했던 이야기로 돌아와서 마무리하면 말이 더욱 체계적으로 들린다. 일관성 때문이다. 오바마가 처음 했던 말은 감사였고 마무리 또한 감사였다. 이때의 감사는 첫마디의 감사를 넘어선 가능성에 대한 확신까지 담고 있었다.

여러분을 섬기는 것이 제 삶의 영광이었습니다. 우리는 할 수 있습니다. 우리는 해냈습니다. 우리는 할 수 있습니다.

말에 조리가 생기려면 말하고자 하는 내용이 정렬되어 있어야 한다. 내용이 자연스럽게 연결되어야 하고 시작과 끝이 맞아떨어져야 한다. 그리고 조리 있는 말하기의 화룡점정인 핵심 요약이 있다. 사람들은 말의 구성보다 핵심 문장 하나를 더 잘 기억하는 경향이 있다. 연설 내용이 어떻게 구성되었는지, 어떤 흐름으로 이끌고 가는지 의식적으로 살피지 않는다. 대신 아름다운 문장은 잘 기억한다. 영화를 본 후 장면 하나, 대사 하나를 건졌다면 그 영화는 좋은 영화로 기억에 남을 것이다. 어떤 말이 감동을 줄 수 있을지 고민이 필요한 이유도 이 때문이다.

개인적으로 오바마의 연설은 살짝 아쉬운 면이 있다. 더 이상 잘 쓰기 힘들 만큼 매력적인 표현이 많았고 말의 연결도 자연스러웠지만 중간 중간 중요한 내용을 요약하고 정리하는 데 조금은 인색해 보인다. 물론 그의 연설은 요약정리에 포인트를 둔 게 아니었기 때문이라고 이해는 한다. 그럼에도 아쉽다. 듣는 사람의 머리에 집을 지어주려면 지

거인의 말

금 하는 말이 큰 그림의 어디에 해당되는지 알려주면 좋다고 생각한다. 충분히 아름다운 오바마지만 그가 마지막을 이렇게 정리해주었다면 금상첨화였으리라.

여러분 덕분에 저는 8년이라는 시간을 무사히 마칠 수 있었으며 덕분에 미국은 더욱 발전했습니다. 하지만 우리의 성공은 민주주의가 정상적으로 작동될 때만 유지되고 발전할 수 있습니다. 민주주의는 여러분들의 땀을 필요로 합니다. 그 영광스러운 길에 저도 함께하겠습니다. 감사합니다.

요약정리 활용하기

"중간에 정리를 잘해줘서 이해하기 쉬웠어요."

"친절하게 여러 번 정리를 해줘서 머릿속에서 청사진을 그리는 듯 쉽게 알 수 있었습니다."

논리적으로 말하는 법을 알게 된 후부터 나의 말하기는 이런 평가를 받게 되었다. 물론 그 방법은 지금까지 설명한 것과 동일하다. 말의 내용을 분류하고 순서를 정한다. 한 번에 완벽히 마치면 좋겠지만 청중에 따라 상황에 따라 달라지니까 수시로 행한다. 특히 하나의 내용을 매듭지을 때 정리하는 것은 말하기에 아주 큰 도움이 되었다. 말을 듣는 사람뿐 아니라 말을 하는 사람도 내가 지금 말의 설계도 어디에 서 있는지 정리할 수 있는 기회를 얻게 되고 다음에는 어떤 이야기를 해야할지 계획도 세울 수 있게 된다. 정리의 힘이다.

지금까지 말씀 드린 내용을 정리해보겠습니다. 인문학이 필요한 이유는 첫 번째, 내 인생의 의미를 발견하고 가치 있게 사는 데 도움을 주기 때문이었습니다. 두 번째, 눈앞에 보이는 것을 넘어 깊이 있게 생각할 수 있는 힘을 얻을 수 있기 때문이었습니다. 세 번째, 다른 사람들과 다르게 생각할 수 있는 창의성을 얻을 수 있기 때문이었습니다. 이 세 가지를 바탕으로 다음에는 인문학을 어떻게 공부하는 것이 좋은지에 대해서 알아보도록 하겠습니다.

어느 인문학 강의에서 왜 인문학이 필요한지 정리한 내용이다. 예시와 설명은 빠져 있으나 내가 하고 싶었던 이야기가 잘 요약된다. 그리고 자연스럽게 다음 이야기를 사전 예고할 수 있어서 말 넘김이 쉬워진다. 왜 필요한지를 알았으니 어떻게 공부할 것인지 살펴보며 자연스럽게 넘어갈 수 있는 것이다.

조리 있게 말하기
❶ 말하고자 하는 내용들을 관련성을 따지거나 역할별로 분류한다.
❷ 분류된 것들을 자연스러운 흐름이 되도록 순서를 정한다.
❸ 하나의 내용이 끝날 때마다 인상적인 말로 정리한다.
❹ 마칠 때 처음 시작했던 이야기와 연결해 새롭게 정리한다.

6.

남는 것은
한 줄뿐이다

맥아더의 마지막 말

더글러스 맥아더 장군은 제2차 세계대전을 승리로 이끈 주역이었다. 전황을 읽어내는 그의 눈은 탁월했고 전략은 곳곳에서 적중했다. 남서 태평양지구 총사령관이던 그는 일본군을 상대로 수많은 상륙작전을 벌여 적의 보급선을 끊었다. 노하우는 축적되는 법. 그의 특기는 한국전쟁 때 고스란히 발휘되었다.

당시 북한군의 대부분은 낙동강 전선에 투입되어 있었다. 한반도의 허리라고 할 수 있는 인천과 서울 쪽은 상대적으로 방어가 허술할 수밖에 없었다. 적의 빈틈을 노린 맥아더는 상륙작전을 감행하여 전세를 역전시킨다. 기세가 오른 맥아더는 북쪽으로 진군할 것을 주장한다.

필요하다면 북한을 지원하고 있는 중국에 핵폭탄 공격도 불사한다는 입장이었다. 그러나 당시 미국 대통령 트루먼은 전선의 확장을 원치 않았다. 제3차 세계대전으로 확전되기를 바라지 않았다. 또 다시 핵폭탄을 떨어뜨리고 싶지 않았다. 결국 맥아더는 해임되었다.

1951년 해임된 맥아더는 미국 의회에서 퇴임연설을 한다. 52년간의 군 생활을 마무리하는 시간이었다. 연설은 짧았다. 짧은 시간이었기에 말이 길지 않았다. 자신이 사관학교에 입학한 이후 세상이 변했다는 이야기가 주된 내용이었다. 그리고 퇴임하는 순간 가장 떠오르는 것이 사관학교 시절 병영에서 유행하던 한 노래의 가사라고 했다.

노병은 죽지 않는다. 다만 사라질 뿐이다.

한국인에게도 너무나 유명한 이 말이 맥아더의 입에서 나왔다. 임무를 마치고 떠나는 사람의 모습이 어떠해야 하는지를 잘 보여준 멋진 말의 탄생이다. 그 후 자리에서 물러서는 사람들은 그의 말을 수도 없이 인용했다.

한 줄의 힘은 강하다

우리가 착각하는 것이 있다. 말을 잘하는 사람들은 거미처럼 말의 실을 술술 잘 풀어내기 때문에 길어도 괜찮다는 것이다. 하지만 대부분의 경우 말이 길면 지루하기 쉽고 논지를 흐릴 가능성이 커진다. 그래서 말에도 경제법칙을 적용하여 최소한의 말, 최대한의 효과를 내는 게 중요하다. 특히 21세기처럼 자기중심적인 생각이 강해지는 시대에는 더욱 그렇다. 사람들은 타인의 이야기에 관심이 부쩍 줄었다.

세계의 명연설을 살펴보면 그들의 말에 군더더기를 찾을 수 없다. 꼭 필요한 말을 꼭 필요한 순간에 한다. 그리고 언제나 중요한 한 줄을 남긴다.

마틴 루터 킹 목사는 몰라도 'I have a dream'을 기억하는 사람은 많다. 킹 목사의 유명한 연설을 하나로 요약해주는 것이 바로 'I have a dream'이다.

> 저에게는 꿈이 있습니다. 언젠가 이 나라가 모든 인간은 평등하게 태어났다는 것을 분명한 진실로 받아들이고, 그 진정한 의미를 신념으로 생각하며 살아가게 되는 날이 오리라는 꿈입니다.

그의 꿈은 인종차별이 사라지고 함께 행복해질 수 있는 평등과 평화의 나라 건설이었다. 그는 자신의 바람을 누구나 알 수 있는 간단하면서도 명료한 문장으로 제시했다. 그 후 '저에게는 꿈이 있습니다'는 말은 사람의 당연한 권리와 지향을 나타내는 말이 되었다. 그의 매력은 너무나 쉽고 당연한 말 속에 메시지의 핵심을 담았다는 점이다.

그의 방법을 자세히 살펴보자. 먼저 그는 하나의 표현을 반복적으로 사용한다. '저에게는 꿈이 있습니다'는 말을 되풀이하면서 꿈의 내용을 자세히 소개한다.

저에게는 꿈이 있습니다. 언젠가 조지아에서 미시시피와 앨라배마에 이르기까지 옛날 노예의 아들들이 옛날 노예 주인의 아들들과 함께 형제처럼 살게 되는 꿈입니다.

저에게는 꿈이 있습니다. 언젠가 백인 어린이기 흑인 어린이와 형제자매처럼 손을 잡게 되는 꿈입니다.

저에게는 꿈이 있습니다. 언젠가 단순히 자유를 얻기 위해서 집이나 교회에 불을 지르는 일이 없어지는 꿈입니다.

반복은 강조하는 효과를 주는 동시에 기억에 도움을 준다. 사람들에게 메시지를 기억하게 하는 탁월한 것 중 하나가 반복이다. 킹 목사는 마치 테마와 변주로 이루어진 악곡을 연주하듯이 'I have a dream'이라는 동일 테마로 앞머리를 장식하고 이어 구체적인 내용의 변주로 뒤를 받친다.

변주는 중요하다. 반복 자체는 횟수가 되풀이될수록 효과가 반감된다. 그런데 뒤따르는 변주에 따라 도리어 효과가 증폭된다. 반복과 변주의 협연이다. 뒤따르는 변주의 내용은 구체적일수록 좋다. 구조는 부모와 자녀처럼 닮아 있으되 내용은 형제자매 사이처럼 조금씩 달라야 한다. 그리고 무엇보다 반복 강조하는 내용은 숭고하고 아름다운 정신을 반영하고 있어야 한다. 킹 목사의 'I have a dream'은 표현만 보면 '나의 사적인 소망'처럼 보이지만 담고 있는 얘기는 우리 개개인이 바라는 전체의 꿈이다. 자기 자신이나 소수의 이익을 강조하는 메시지는 반복할수록 역겨운 느낌만 줄 뿐이다.

어떤 한 줄을 남길까?

한 줄의 힘을 보여준 사례는 많다. 최근 청춘들에게 가장 인기가 있었던 사례는 스티브 잡스의 스탠퍼드 졸업식 축사 같다. 이 자리에서 스티브 잡스는 세 가지 인생의 이야기를 들려준다. 그리고 마지막 축사를 마무리하면서 자신이 어릴 때 읽었던 책의 한 문장을 꺼낸다.

Stay hungry, Stay foolish.

현명하게 생각하고 풍요롭게 살아가기를 바라는 것이 사람이다. 스티브 잡스는 배고픈 듯이 갈망하고 어리석은 것처럼 우직하게 살아보라고 주문한다. 한 젊은이가 더 높은 곳으로 나아가려면 이런 정신이 필요하기 때문이다. 처음부터 현명하고 풍요로운 사람은 없다. 있다고 해도 오래 지켜내기 어렵다. 간절히 갈망하고 어리석은 듯이 하나에 집착해본 사람만이 자기 세계를 이룰 수 있다. 이미 기성세대가 되어버린 스티브 잡스가 젊은이들에게 당부하고 싶은 메시지를 한 줄로 정

거인의 말

리한 것이 'Stay hungry, Stay foolish'였다. 이후 이 말은 전 세계 젊은 이들에게 성공적인 미래를 위한 슬로건이 되었다.

기억의 표지가 되는 문장 찾기

마지막 한 줄이 중요하다는 사실을 알게 되면서 어떻게 말에 적용할 수 있을지 고민하게 되었다. 다행히 예전에 읽었던 책들이 도움이 되었다. 읽었던 책에서 밑줄을 그은 문장들을 가져와서 말하기의 끝에 사용하기 시작했다.

좋은 문장은 대개 책 속에 숨어 있다. 그런 문장만 모아 놓은 책도 종종 접한다. 책이라는 도구와 연필, 그리고 좋은 문장을 읽으며 가슴 떨리는 경험을 할 수 있는 마음만 있다면 내 감동을 타인에게 전달할 수 있는 한 문장을 구할 수 있다.

사례를 들어보자. 대학을 졸업하고 사회로 진출하는 학생들과의 마지막 수업에서 들려주는 말이 있다.

여러분에게 드리고 싶은 마지막 말은 젊은 혁명가 체 게바라의 말입니다. 체 게바라는 의과대학을 졸업하고 부유하게 살 수도 있었습니다. 그러나 그는 가난한 사람들의 행복을 위해 살기로 마음을 먹었습니다. 결국 혁명가로 힘 겨운 고난의 길을 떠납니다. 지금 우리가 체 게바라를 매력적인 인간으로 떠올리는 것은 그에게 어려운 이웃에 대한 애정이 있었기 때문일 겁니다. 힘겨운 고난의 길을 간 체 게바라는 이런 말을 남겼습니다.

"태양을 마주할 용기가 있는 젊은이라면 누구나 뜨거운 가슴을 찾아 헤맬 줄 알아야 한다."

여러분이 새로운 도전을 통해서 자신의 내면에서 꿈틀거리는 뜨거운 가슴을 찾아내길 기원해봅니다. 감사합니다.

읽으면서 나를 떨리게 했던 문장이기 때문에 이렇게 넣어서 말하다 보면 자기 목소리가 살짝 떨리는 느낌을 자각하게 된다. 내가 떨면 그 느낌이 청중에게 전달된다. 청중에게 떨림이 전염된다. 그렇게 이심전 심하는 게 좋은 강의라고 믿는다.

사례 하나만 더 보자. 공감이 중요하다는 이야기를 할 때 인용하는 한 문장이 있다. 소재는 공자의 말이다.

〈논어〉에 기소불욕 물시어인(己所不欲 勿施於人)이라는 말이 있습니다. 무슨 뜻일까요? 내가 하기 싫은 일은 남에게도 시키지 말라. (청중들) 그런데 왜 공자는 내가 하기 싫은 일은 남에게도 시키지 말라고 했을까요? 요즘 같은 시대는 내가 하기 싫어서 남에게 시키는 시대인데 말입니다.

저는 이 말이 다른 사람의 마음을 이해하는 것과 관련이 있다고 생각합니다. 내가 하기 싫은 일은 다른 사람도 하기 싫을 겁니다. 내가 잔소리 듣기 싫으 면 남도 듣기 싫어하겠지요. 이것이 사람의 공통된 마음입니다. 결국 다른 사람을 이해하려면 자기 마음을 돌아보면 됩니다. 내가 무엇을 하고 싶은지 하기 싫은지 알면 다른 사람 또한 마찬가지일 테니까요. 그래서 저는 이렇게 말씀드리고 싶습니다.

"다른 사람을 이해하는 힘은 상상력에 의존한다."

혹시 이해가 되지 않아 괴로운 동료나 친구가 있다면 상상력을 발휘해보시기 바랍니다. 우리에게 부족한 것은 지식이 아니라 상상력인지도 모릅니다.

오늘 말할 수 있는 기회가 생겼다면 이런 질문을 던지는 것도 좋을 듯하다.

'오늘 어떤 한 줄을 남겨야 할까?'

멋진 한 문장을 남기는 방법

❶ 핵심을 잘 표현할 수 있는 멋진 명언들을 책이나 인터넷에서 찾는다.

❷ 주제를 제시하고 설명을 한 후에 마지막에 문장을 말한다.

❸ 주제를 정리하며 간단히 마무리한다.

거인의 말

4
부

내 가슴에
별이 된
그들의 말하기

1.

사람은

와이(why)에 감동한다

신념을 공유한다

〈나는 왜 이 일을 하는가?〉의 저자 사이먼 사이넥은 사람들이 거꾸로 일하고 있기 때문에 재미도 감동도 성과도 낮다고 말한다. 보통 사람들은 자신이 무엇을 하는지 말하고 뭘 잘하는지 장점을 늘어놓는다. 그리고 물건을 사 달라고 하거나 자신을 지지해달라고 부탁한다. 예를 들면 이런 식이다.

우리는 새로운 자동차를 만들었습니다. 연비가 좋고 최고급 가죽시트를 사용했습니다. 한 대 사실래요?

여기에는 한 가지가 빠졌다. 내가 왜 일하는지에 대한 설명이다. 대신 무엇을 어떻게 하는지만 알려준다. 그 결과 사람들은 그를 믿지 못하고 생각에 동의하지 않는다. 그의 생각을 알 수 없기 때문이다. 반면 놀라운 혁신을 이루거나 영감을 이끌어내는 사람들은 반대로 말한다.

우리가 하는 모든 일은 주어진 현실에 도전하는 것입니다. 다르게 생각하고 다르게 만들기를 원합니다. 우리가 현실에 도전하는 방식은 매력적인 디자인과 편리한 사용법, 사용자 위주로 설계하는 것입니다. 덕분에 훌륭한 제품이 나왔습니다. 하나 사시겠습니까?

혁신가들은 자신이 왜 이 일을 하는지 명확한 이유를 가지고 있다. 그리고 그 이유를 사람들에게 전달한다. '무엇을 어떻게 하는지'는 '왜 하느냐'에 대한 결과물일 뿐이다. 사람들은 무엇을 어떻게 하느냐가 아니라 왜 하느냐에 동의할 때 마음이 움직인다.

사이먼 사이넥이 대표적인 예로 꼽는 곳이 애플이다. 애플 역시 컴퓨터를 만드는 회사이며 여느 기업과 비슷한 조건 아래에서 일한다. 하지만 이들은 다르다. 그들은 왜 일하는지를 공유한다. 애플이 매번 놀라운 결과물을 창출하는 이유는 이 때문이다. 사이먼 사이넥은 '왜'를 공유할 때 놀라운 결과를 가져온다고 결론짓는다.

철학이 있는 말하기

　제품을 팔아 이익을 내는 것은 일의 중간기착지일 뿐, 일의 최종 목적은 사회에 신념을 나누는 것이라는 그의 지적은 옳다. 제품을 파는 게 목적일 때 공급자와 소비자는 그저 스쳐지나가는 일회적 관계에 불과하지만 신념을 나누면 공급자와 소비자라는 구분이 사라지고 하나의 공동체가 된다.

　말도 마찬가지다. 말을 하는 사람은 듣는 모든 사람들이 내 생각을 인정하고 받아들여 환호하기를 바란다. 하지만 그런 일은 일어나지 않는다. 생각은 사람마다 다르다. 달라야 정상이다. 똑같은 생각만 존재하는 세상은 불가능하다.

　말하는 사람이 가장 먼저 내려놓아야 할 게 이것이다. 모든 사람들로부터 인정받고 싶다는 욕심. 인정에 대한 욕구만 내려놓아도 쫓기는 마음이 줄어든다. 한결 차분하게 자신을 표현할 수 있다. 심지어 실수를 하거나 잘못된 정보를 입에 올려도 괜찮다. 누구나 실수는 저지르기 마련이며 만회할 기회는 다시 찾아오는 법이다. 욕심만 버린다면 말이다.

　타인의 마음에 들어야 한다는 마음이 앞서면 내가 평소 품었던 생각이나 가치관을 표출하는 데 망설이게 된다. 대신 무엇을 어떻게 할 것인가 같은 방법론으로 시간을 채운다. 왜냐하면 사람들이 대중적이며 현실적인 이야기를 좋아할 것이라고 믿기 때문이다. 그러다 보면 돈 이야기나 인기 끄는 법처럼 내 이야기가 아닌 남의 이야기를 하기에 이른다.

　강의를 하는 사람들을 보면 대체로 두 부류로 나뉜다. 한 부류는 자신이 알고 있는 지식이나 기술들을 구체적으로 전달한다. 다른 부류는 자신의 생각이나 가치관, 시대와 삶에 대한 견해를 이야기하는 데 익숙하다. 옳고 그른 것은 없다. 하지만 청중의 반응에서 차이가 진다. 지식과 기술을 전달하는 사람들의 강의는 유용한 것을 얻으면 끝이다. 반면 생각과 가치관을 밀하는 강의는 사람을 남긴다. 이야기가 통하는 사람을 만난 것 같고 끝나면 이야기를 나누고픈 심정이 든다. 한마디로 팬이 된다.

　물론 내가 품은 생각이나 가치관을 꺼내는 게 부담스러울 수 있다. 생각이 다른 누군가의 반론이나 거친 저항에 직면할지도 모른다. 그렇다 할지라도 나의 생각을 드러내는 일은 중요하다. 그것이 '왜'를 말하는 것이고 이에 동의하는 사람을 만나는 것이 강의의 목적이기 때문이다. 우리는 그것을 철학이라고 부른다.

자기만의 와이(Why)

　오바마 대통령은 연설 도중 심심찮게 방해를 받았다. 한번은 한 여성 운동가가 불쑥 끼어들어 CSA가 드론을 쓰지 못하게 막아야 한다며 목소리를 높였다. 연설이 잠시 중단되었다. 오바마는 그녀를 진정시키고 자신의 이야기를 들어 볼 것을 권했지만 그녀는 막무가내였다. 결국 경호원들이 그녀를 제지한 후에야 연설을 이어갈 수 있었다.

> 그녀의 목소리에 귀를 기울일 필요가 있습니다. 완전히 동의하기는 어렵고,
> 그녀도 저의 말을 듣지 않았죠. 이런 일은 저에게도 참 어려운 문제입니다.
> 하지만 얼버무리고 넘어가는 것은 옳지 않습니다.

오바마의 철학은 포용과 진보에 있다. 다양한 인종과 세대들이 공존하는 미국사회를 이끌어가려면 다양성을 포용할 수 있어야 한다. 그리고 그들과 함께 나누고 연대하며 진보해야 한다. 그러자면 나와 다른 생각들을 수용할 수 있어야 한다. 이 사건은 그의 철학이 행동으로 드러난 대표적인 경우였다.

정책을 결정한다는 것은 무척 괴로운 일이다. 하나를 선택하면 다른 하나를 포기해야 하는 일이 다반사이기 때문이다. 그 포기한 것 때문에 피해를 입는 사람들이 생긴다. 특정 지역을 개발하기로 결정하면 그 개발로 이익을 보는 사람과 피해를 보는 사람이 갈라지기 마련이고 결정권자는 원망과 지탄을 각오해야 한다. 이때 자신이 왜 그 일을 하는지 생각이 분명한 사람은 비난을 견뎌낼 수 있다. 자신이 어떤 생각으로 결정을 내렸는지 밝히면서 다른 사람들의 양해를 구하고 설득하기 위해 모든 노력을 기울일 것이다.

생각이 있는 사람이 있고 없는 사람이 있다. 이를 어떻게 구분할 수 있는가? 대부분의 경우 그것은 와이(Why)를 가지고 있느냐 없느냐에 달려 있다. 생각이 있는 사람은 그 일을 '왜' 하는지 알고 있다. 왜 하는

거인의 말

지 알고 있으면 어떻게 진행해야 하는지 방법도 찾아낸다. 반면 '왜'가 없을 때 행동이 궁색해진다. 고작해야 먼저 지나간 수레의 바큇자국을 따라갈 뿐인데 아무런 고민 없이 전례를 반복했다는 이유만으로도 개념이 없다는 핀잔을 듣기 일쑤다. 그때랑 지금이랑 상황이 얼마나 변했는지 모른단 말인가!

마윈은 알리바바가 성공할 수 있었던 이유로 무일푼이었다는 점을 꼽는다. 많은 기업들이 돈으로 사업을 빌였다가 실패했다. 돈은 하나의 수단일 뿐이며 돈으로 해결할 수 없는 일도 많다. 이것이 마윈이 경험을 통해서 깨달은 철학이다. 여기에 마윈은 알리바바가 성공할 수 있었던 이유로 비즈니스 계획을 작성해본 적이 없다는 사실을 추가한다.

> 저는 비즈니스 계획을 작성해본 적이 없습니다. 투자를 유치하기 위해서 계획을 세우다가 저는 포기한 적이 있습니다. 앞으로 어떤 일이 일어날지 알지도 못하는데 어떻게 비즈니스 계획을 짤 수 있겠습니까? 스스로 납득할 수 있는 계획만이 쓸모 있는 계획입니다. 우리의 인생은 천천히 펼쳐지는 계획 같은 것입니다. 그러니 변화를 포용하십시오.

마윈의 말은 자신의 경영철학을 담고 있다. 미래를 계획에 가두지 않고 변화를 받아들이며 그에 따라 대응해가는 것이 그의 경영철학이다. 이 철학에 동의하는 사람들은 그를 좋아한다. 그리고 이런 점이 그를 인기 있는 경영자로 만든 비결이기도 하다. 그가 성공한 비즈니스맨으로 만족했다면 이런 말을 할 수도 없었을 것이고, 또한 사람들로부터 좋은 평가를 받기도 힘들었을 것이다. 그는 자기만의 와이(why)를 가지고 있다. 따라서 우리가 고민해야 할 것도 마찬가지다. '무엇을 어떻게'가 아니라 '왜?'를 고민하자.

거인의 말

말하기 주제에 와이(why) 더하기

철학의 공유가 중요하다는 사실을 일게 된 후 말하기에 와이(why)를 더하려고 노력했다. 그 과정에서 나의 와이(why)를 의식적으로 인지하게 되었고, 나아가 청중으로부터 동의를 얻을 수 있다면 말하기가 쉽게 풀리는 경향이 있음을 절실하게 느낄 수 있었다.

예컨대 독서라는 주제로 이야기를 하면 우리는 사람들이 '빨리 읽는 법(속독법)', '많이 읽는 법(다독법)', '기억에 남기는 독서법' 등에 관심을 갖고 있을 것이라고 여기며 그와 관련된 내용을 준비한다. 그런데 책에 와이(why)를 붙였더니 마법과 같은 일이 벌어졌다.

여러분은 책을 읽는 이유가 뭐라고 생각하십니까? 많이 알기 위해서. 공부를 잘 하기 위해서. 성공하기 위해서. 부자가 되기 위해서…… 많은 대답이 가능합니다. 그런데 저는 책을 읽는 이유가 큰 사람이 되기 위해서라고 생각합니다. 세상을 더 넓게 보고 멀리 보고 깊이 생각할 수 있는 사람이 되기 위해 독서하는 것입니다. 책을 통해 더 큰 사람이 되면 우리는 더 좋은 일을 할 수 있고, 더 좋은 영향력을 미칠 수 있고, 무엇보다 나 자신이 더 행복하게 살 수 있을 것입니다.

〈갈매기의 꿈〉이라는 책에 가장 높이 나는 새가 가장 멀리 본다는 유명한 말이 나옵니다. 높이 난다는 것은 눈앞에 보이는 것을 넘어서 생각할 수 있는 힘이 있다는 뜻입니다. 먹고 사는 것을 넘어서 왜 사는지, 무엇을 추구할 것인지를 생각할 수 있다면 작은 일에 여여해하며 스트레스를 받지 않고 보다 의미 있는 것을 추구할 수 있을 것입니다.

유용한 정보는 받아적어야 하니까 손이 바빠진다. 그런데 철학이 담긴 말하기는 사람들을 꿀 먹은 벙어리로 만든다.

와이(why)를 말하는 방법
❶ 일을 왜 하는지, 왜 중요한지 생각해본다.
❷ 보통 사람들이 생각하는 이유를 생각해본다.
❸ 대중적이며 현실적인 이유를 넘어 본질적인 이유를 말한다.

거인의 말

2.

말의 펜스를

넓힌다

존경받지 못하는 근본주의

근본주의라는 말이 우리에게 익숙하게 된 것은 911테러 이후인 듯하다. 자신의 신념에 대한 집착이 지나쳐 다른 가치 다른 믿음을 배격하는 경향, 심지어 그 배격의 수단으로 폭력을 동원하는 사람들의 행동을 근본주의라고 부른다. 근본(fundament)이라는 말은 뿌리를 찾는다는 의미에서 긍정적인 느낌을 주지만 '–ism'이 붙어서 근본주의(fundamentalism)가 되면 전혀 다른 의미로 변질된다. 자신의 믿음을 절대화하고 타자를 배격하는 시도가 근본주의이기 때문이다.

영국의 브렉시트(유럽연합 탈퇴)와 미국 대통령 트럼프의 정책은 공통점을 지니고 있다. 자국민 중심주의가 그것이다. 영국은 한때 대영제국이라는 칭호를 받을 만큼 전 세계에 막대한 영향력을 행사했다. 하지만 유럽연합(EU)에 편입하면서 회원국의 하나로 '전락'했고, 세계 시장에서의 입지도 약화되었다. 한마디로 자존심을 구겼다. 최근에는 유럽연합의 시리아 난민의 수용 정책으로 영국은 고용문제와 사회문제까지 떠안으며 골머리를 앓게 되었다. 영국은 유럽연합이라는 펜스가 자국 보호의 울타리가 아니라 발목을 잡는 족쇄처럼 보였다.

오바마가 이주민 수용정책을 적극적으로 펼치며 공존을 추구한 반면 트럼프는 자국민 우선주의를 택했다. 그의 관점에서, 자국민의 이익에 조금이라도 손해가 생긴다면 이주민은 언제든지 척결해야 할 대상이 된다. 트럼프가 대통령에 당선될 수 있었던 것은 사회경제적 불만이 팽배한 보수적 백인, 안정을 바라는 보수적 미국인의 마음을 얻었기 때문이다. 트럼프는 이주민들이 값싼 노동력과 우수한 두뇌를 무기로 미국 백인의 일자리를 위협하고 있다고 판단했고, 이를 용납지 않겠다는 굳건한 의지를 천명하며 지지자들의 표를 얻었다. 이것이 브렉시트와 트럼프의 정책이 자국민 중심주의라는 이유다.

자국민도 아니고 이주민도 아닌, 멀리서 지켜보는 우리는 오바마와 트럼프에 대해 조금 더 객관적 감정을 느낄 수 있을 것 같다. 정책의 차이를 언급하고 싶은 마음은 없다. 그냥 멀리 떨어져서 바라보고 있기만 해도 우리는 두 사람이 어떻게 다른지 어떤 느낌을 받는다. 그 차이란 사람에 대한 포용력과 인간다운 삶에 대한 비전이다.

거인의 말

포용하면 통한다

트럼프의 생각은 우리끼리 잘 먹고 잘 살자는 것이다. 오바마는 함께 행복하자는 것이다. 우리는 혼자 잘 먹고 잘 사는 사람을 훌륭하다고 말하지 않는다. 다른 사람들을 돕고 서로 힘을 합해 함께 행복한 사회를 만드는 데 일조하는 사람을 훌륭하다고 말한다. 그것이 사람이 살아가면서 가져야 할 사람다운 태도라고 믿는다. 오바마가 남다르게 보이는 이유다.

트럼프가 미국 내 백인들에게 인기를 끌었다면 오바마는 세계인에게 존경받는다. 브렉시트는 영국인들에게 환영받을지 모르지만 세계인이 보기에는 자국중심주의에 빠진 것처럼 보인다. 근본주의적 색채를 띤 기독교, 이슬람, 유대교, 유교 등의 종교들이 비난받는 이유는 명확하다. 자기만의 가치에 집착하고 다른 것을 인정하지 않는 태도, 바로 배타성 때문이다.

미국인이 가장 존경하는 대통령이라는 케네디의 취임연설을 살펴보자. 그는 당시 공산국가였던 소련과 적국들에게 이렇게 요청한다.

> 우리를 적대하려는 국가들에게는 맹세가 아닌 요청을 하려 합니다. 과학에 의해 고삐가 풀린 어두운 파괴력이 계획적이건 우발적이건 인류를 자멸의 도가니 속으로 몰아넣기 전에 양진영이 새롭게 평화를 위한 노력을 시작합시다.

자국을 향해 총칼을 들이밀고 있는 적국에 대해 인류 차원의 위협을 인식하고 함께 평화를 추구하자며 정중하게 요청하고 있다. 마주보고 앉은 채 손가락으로 서로를 비난하며 잘못을 떠넘기는 것이 아니라 나란히 앉아 같은 곳을 함께 바라보며 공동의 목적을 위해 협력하자는 제안이다. 이런 공존의 정신은 '말이 통하는 사람'이라는 느낌을 주고 상대방으로 하여금 대화의 장으로 나설 수 있는 분위기를 연출한다.

말을 잘하고 인정받고 존경받는 사람들이 가진 공통점도 여기에 기초한다. 그들은 상대방을 비난하거나 공격하지 않는다. 상대방을 포용하려 하고 공존의 길을 모색하려고 노력한다. 심지어 자신을 공격하는 사람들도 품어낸다.

노무현, 오바마의 포용

여전히 일본은 독도에 대한 망언을 토해내고 있다. 한국인으로서 분노할 수밖에 없다. 2006년 노무현 대통령은 독도문제에 대해 중요한 연설을 한 적이 있다.

존경하는 국민 여러분, 독도는 우리 땅입니다. 그냥 우리 땅이 아니라 40년 통한의 역사가 뚜렷하게 새겨져 있는 역사의 땅입니다. 독도는 일본의 한반도 침탈 과정에서 가장 먼저 병탄되었던 우리 땅입니다. 일본이 러일 전쟁 중에 전쟁 수행을 목적으로 편입하고 점령했던 땅입니다.

거인의 말

이렇게 시작된 연설은 일제가 우리 강토를 침범한 역사적 과정을 상세히 설명하면서 일본이 독도에 대한 권리를 주장하는 것은 지난날 그들이 저지른 전쟁과 학살과 수탈에 대한 정당성을 주장하는 것이라고 성토한다. 독도는 우리에게 국권회복의 상징이며 이런 일본의 주장을 용납할 수 없다고 단호하게 말한다. 그러면서도 우리 역사를 모독하는 일본 정부의 행위가 일본 국민의 보편적인 인식은 아닐 것이라고 기대한다며 일본 국민과 지도자들에게 당부의 말을 전한다.

우리는 더 이상 새로운 사과를 요구하지 않습니다. 이미 누차 행한 사과에 부합하는 행동을 요구할 뿐입니다. 잘못된 역사를 미화하거나 정당화하는 행위로 한국에 대한 특별한 대우를 요구하는 것이 아니라 국제 사회의 보편적인 가치와 기준에 맞는 행동을 요구하는 것입니다. 역사의 진실과 인류 사회의 양심 앞에 솔직하고 겸허해지기를 바라는 것입니다. 일본이 이웃나라에 대해서, 나아가서는 국제 사회에 이 기준으로 행동할 때, 비로소 일본은 그 경제의 크기에 알맞은 성숙한 나라, 나아가서는 국제 사회에서 주도적인 역할을 할 수 있는 국가로 서게 될 것입니다.

이 연설의 하이라이트라고 할 수 있는 부분이다. 노무현 대통령은 일본을 비난하는 것에 그치지 않고 그들을 국제사회의 파트너로 인정한다. 그리고 보다 솔직하고 겸허하게 대처해달라고 당부한다. 그래야 일본이 국제 사회에서 주도적인 역할을 할 수 있는 나라가 될 수 있다는 것이다.

만약 노무현 대통령이 '똑바로 해라'는 식으로 연설을 마쳤다면 일본은 어떻게 받아들일까? 자신을 비난한다고 여겼을 것이고 자기 방어적 태도로 강하게 대응했을 것이다. 하지만 노무현 대통령은 비난 대신 선택을 요청했다. 이제 어떻게 대응할 것인가는 일본 정부에 달렸다. 만약 일본 정부가 변명을 선택한다면 그들의 행동은 국제 사회의 동의를 이끌어내기 어렵게 된다. 이것이 상대방을 비난하는 대신 파트너로 인정하고 현명한 선택을 하도록 유도하는 말의 힘이다.

한번은 오바마 대통령이 이민자개혁법안을 통과시켜야 한다는 연설을 하는 도중 한국인 학생 한 명이 자신의 주장을 소리치며 연설을 방해했다. 서류가 미비하다는 이유로 추방시키는 조치를 멈춰달라는 주장이었다. 미리 준비한 듯 주변 사람들이 함께 구호를 외치기도 했다. 그러자 경호원들이 그를 끌어내려고 했다. 오바마는 경호원들에게 그러지 말라며 제지했고 학생의 말을 끝까지 들어준 후 말을 이어간다.

이런 젊은이들의 열정을 존중합니다. 가족에 대한 염려가 깊기 때문입니다. 미국의 대통령으로서 의회에서 법을 통과시키지 않고 모든 문제를 해결할 수 있다면 그렇게 하겠습니다. 하지만 미국은 법치국가입니다. 고함을 지르거나 법을 어겨서 뭔가 할 수 있는 것처럼 보이는 것은 쉽습니다. 저는 더 어려운 방법이지만 우리가 민주적 절차를 통해서 공동의 목표를 이루어나가야 한다고 제안하고 싶습니다.

오바마는 서로의 입장이 다르지 않다는 사실을 밝힌다. 그리고 법치

거인의 말

주의를 지키며 올바른 방법으로 공동의 목표를 이루자고 제안한다. 아마 권위주의적인 사람이었다면 자신을 방해한 사람에게 화를 냈을 것이다. 경호원들이 끌고 나갈 때까지 기다리며 속시원해했을지도 모른다. 말허리를 자르거나 반대 의견을 가진 사람을 만나면 반감부터 생기는 게 인지상정이다. 이때 방어기제가 작동해서 공격적으로 돌변하기 쉽다. 하지만 오바마는 인내하고 포용한다. 갑작스런 개입에도 차분히 들어줄 수 있는 여유를 가졌기 때문이다.

이 사건을 접한 사람들의 반응은 '역시!'였다. 다른 사람들을 배려하고 파트너로 인정하는 훌륭한 사람이라는 평가가 주류를 이루었다. 오바마의 또 다른 미덕 가운데 하나는 질서를 깨뜨리며 자기주장을 외쳤던 한인 학생을 용기 있는 사람으로 인정해준 대목이다. 대통령의 연설 자리에서 불쑥 뛰쳐나와 자기주장을 소신 있게 밝히는 모습이 인상적으로 보였기 때문이리라. 이 사건은 대통령은 물론 방해자도 빛나게 만들었다. 상대방을 인정하고 함께 길을 모색하는 사람이 어떤 영향을 끼치는지 잘 보여주는 사건이었다.

: 안상현의 따라 잡기 :

울타리를 크게 치기

우리는 나와 생각이 다른 사람들을 공격하면 자신의 추종세력이나 자신이 속한 무리로부터 존경받는다고 믿는다. 반쪽의 진실이다. 그 존경은 무리 안에 머문다. 소속집단을 벗어나면 존경은 비난으로 변모한다. 반면 반대 의견을 포용하고 함께 더 큰 길을 모색할 것을 제안하면 정반합의 역사적 원리처럼 상황은 달라진다. 개개인이 지닌 생각의 한계를 깨고 더 큰 생각으로 에너지를 모을 수 있도록 자기 힘을 쓰는 것이 큰 그림으로 말하는 사람의 역할이다.

강의 도중 요즘 젊은이들이 인생의 꿈도 없이 너도 나도 공무원시험만 준비한다며 비판하는 분을 만난 적이 있다. 이럴 때 우리는 어떻게 해야 할까?

화자 : 요즘 젊은 사람들이 현실적이라는 말에 공감합니다. 대학생만 봐도 전부 전공책이나 토익책을 들고 다닙니다. 제가 대학을 다닐 때 해도 〈쇼펜하우어 인생론〉 같은 책을 들고 다니는 낭만과 꿈이 있었는데 요즘은 그런 것조차도 없어졌습니다. 안타까운 일입니다. 가정이긴 합니다만 만약 여러분의 자녀분 중에 서른이 넘었는데 아직 취업

을 못하고 있는 사람이 있다고 생각해보십시오. 이때 취직을 하는 것이 좋을까요, 아니면 자신이 원하는 꿈을 추구하는 것이 좋을까요?

청중 : 나이가 서른이 넘었으면 취직을 해야죠.

화자 : 제 생각도 그렇습니다. 그런 점에서 우리도 현실적인 사람인 것 같습니다. 여러분의 자녀들이 취직을 했습니다. 그런데 비싼 외제차를 사려고 합니다. 그때 뭐라고 하시겠습니까?

청중 : 말려야죠.

화자 : 그렇습니다. 대부분의 부모님들은 '집도 없는데 무슨 외제차를 사냐?'고 핀잔을 주십니다. 그럼 자녀들은 뭐라고 할까요? '차도 없는데 무슨 집을 사냐?'고 할 겁니다. 과연 누가 옳은 것일까요? 누가 옳다는 것은 없을 겁니다. 생각의 차이일 뿐이죠. 차는 없어도 집은 있어야 하는 사람이 있고, 집은 없어도 차는 좋아야 한다는 사람이 있습니다. 이처럼 시대에 따라 상황과 생각은 변하는 것이 아닐까 싶습니다. 여러분은 어떠십니까? 내 생각을 고집하는 분입니까, 아니면 시대의 변화에 따라 다른 생각들을 수용하시는 편입니까?

> ### 나와 다른 의견을 가진 사람과 만났을 때 말하는 법
>
> ❶ 먼저 다른 사람의 이야기를 들어본다(반감이나 선입견을 갖지 않도록 유의한다.).
> ❷ 상대방의 생각에 공감한다는 것을 밝힌다.
> ❸ 함께 문제를 풀어볼 것을 제안하고 더 넓은 관점을 제시한다.

3.

하나로 뭉치기 위한

둘로 나누기

적과 경쟁자

적(敵)이 있는 것이 좋을까, 없는 것이 좋을까? 없는 것이 좋다고 생각하기 쉽다. 하지만 그렇지가 않다. 적이 있는 것이 도움이 될 때가 많기 때문이다.

함께 일하는 팀에 일을 못하는 직원이 있다고 하자. 이런 팀원이 있는 것이 도움이 될까? 조직의 성과 차원에서는 마이너스 요인이 될지모른다. 하지만 적어도 나에게는 도움이 될 수 있다. 일을 못하는 동료덕에 최소한 나는 일 못하는 구성원에서 벗어날 수 있기 때문이다.

경쟁자가 있을 때 위기감을 느끼는 것이 사람이다. 특히 그 적이 강력할 때 위기감은 고조된다. 강력한 적의 존재가 팽팽한 긴장감을 만

거인의 말

들고 노력하는 하루를 살게 한다. 조직에도 경쟁자가 있는 것이 좋다. 경쟁자의 모습을 보고 자극받을 뿐 아니라 우리가 어느 정도의 위치에 있는지를 가늠할 수 있기 때문이다.

조직을 단결시키는 방법으로 오랫동안 사용되어온 것이 있다. 바로 적이다. 눈앞에 적이 없을 때는 조직 내부에서 분열이 일어나고 서로 다툰다. 강력한 적이 나타나면 조직이 단결하고 뭉친다. 이를 아는 경영자들은 의도적으로 외부의 적을 만들거나 그런 분위기를 조장한다.

'우리'와 '그들'로 경계 짓기

말하기 선수들도 적의 유용성을 알고 있다. 그래서 아군과 적군의 경계를 짓는다. 이럴 때 오바마 대통령이 사용하는 말이 '우리'와 '그들'이다.

우리가 살아가는 방식에 대해 변명하지도 않겠지만 그것을 지키는 것을 포기하지도 않을 것입니다. 테러를 일으키고 무고한 사람들을 학살해서 자기 목적을 이루려는 사람들에게 말합니다. 우리의 정신은 더욱 강하고 무너뜨릴 수 없다고 말입니다. 그들은 우리보다 오래 갈 수 없으며 결국 우리에게 패하고 말 것입니다.

오바마 대통령은 우리와 그들 사이에 선을 긋는다. 담벼락을 쌓으면

'우리' 안에 속한 존재들은 하나가 된다. 담벼락 바깥의 존재는 적이 되거나 상대방이 된다. 우리 안에 들어온 사람들은 소속감이 주는 안도감을 느끼고 일체감으로 단결한다.

오바마가 말하는 그들은 테러단체다. 자신의 이익을 위해 위험을 감수하는 자들이다. 테러나 분열 같은 단어가 적들이 누구인지 암시한다. 덕분에 우리 안에 들어온 사람들은 자신이 무엇에 반대하는지 무엇을 추구하는지 분명히 알게 된다. 우리는 테러에 반대하고 화합을 지향하는 사람들이다.

> 지금도 우리를 갈라놓으려는 사람들이 있습니다. 정보를 조작하고 부정적 선전물을 퍼뜨리는 사람들입니다. 그들은 정치란 무슨 짓을 해도 상관없는 것으로 생각합니다. 오늘밤 저는 그들에게 말하겠습니다. 진보의 미국과 보수의 미국이 따로 있는 것이 아닙니다. 오직 하나의 미국만이 있을 뿐입니다.

국외의 적들과 함께 국내의 적들도 언급한다. 정보를 조작해서 엉터리 선전을 하는 사람들, 분열을 조장하고 화합과 평화의 길을 막는 사람들이 그들이다. 적들은 외부에도 있고 내부에도 있다. 그 적들에게 선전포고를 한다. 선전포고를 하는 주체는 내가 아니라 '우리'다.

오바마의 말하기는 무리를 하나로 묶어내는 '우리'라는 단어의 힘에서 시작된다. 그리고 청중으로 하여금 소속감을 갖도록 한다. 그 방법은 '우리'와 '그들'을 나누어서 말하는 것이다. 테러를 일으키고 평화를 방해하는 존재, 다른 사람을 음해하고 화합을 가로막는 자들은 '그들'

거인의 말

이 되고 그 반대편이 '우리'가 된다. 덕분에 오바마는 선량하고 올바른 일을 하는 '우리'로 자신과 청중을 일체화시킨다.

구분 짓기에서 끝나면 안 된다

여기서 조심할 것이 있다. 우리와 그들이라는 구분 짓기가 이목을 적들에게 돌리고 우리를 뭉치도록 만드는 역할로 끝나서는 안 된다는 사실이다. 오바마의 구분 짓기는 더 먼 곳을 향한다. 그 먼 곳이란 바로 적들까지도 함께 가야 한다는 화합과 평화의 메시지다.

적들을 인도하고 화합을 이끌어내는 오바마의 방법은 그들이 누구인지 정확하게 꼬집지 않는데서 시작된다. 심지어 IS(이슬람극단주의)라는 지칭도 입에 담지 않는다. 공화당이나 경쟁자들의 이름을 거론하는 일도 없다. '민주주의의 적, 화합의 방해꾼, 사람들을 학살하는 자'라는 추상적이고 상징적인 표현을 쓴다. 그러는 편이 훨씬 매력적으로 들릴 뿐 아니라 불필요한 오해를 줄이고 우리라는 파이를 넓힌다는 사실을 알기 때문이다. 특정 집단을 구체적으로 지명하거나 조직의 이름을 밝히면 마치 집단 대결 양상처럼 보여 거론한 해당 세력을 결집시키는 꼴이 되고 이는 '우리'를 위해서나 전체를 위해서 좋을 게 없다. 오바마가 하고 싶었던 것은 집단 간의 대결이 아니라 가치에 대한 협력이다.

실제로 그의 정신은 테러를 일으키는 자들까지 인간으로 대하려는 태도로 이어진다. 생각이 잘못되었을 뿐 인간으로서의 존엄성은 인정한다. 이런 말하기 태도는, 그를 도덕적으로 훌륭한 사람, 인격적으로 탁월한 사람으로 보이게 만든다. 사람들은 적을 공격할 때 시원함을 느끼지만 공격으로 끝나는 공격은 도덕적 숭고함을 얻지 못한다. 숭고함이란 타자(他者)를 포용하고 더 큰 길을 모색하는 수용성에 기초하고 있기 때문이다. 결국 오바마가 던지고자 한 것은 우리와 그들이 모두 인간임을 이해하고 함께 평화로운 사회를 건설하는 길로 나아가야 한다는 화합의 메시지였다.

이런 말하기는 일정한 패턴이 있다. 그 패턴을 익히고 자신의 스타일대로 조금만 바꾸어도 매력적인 표현을 만들어낼 수 있다. 예를 들자면 이렇다.

사람들 중에는 우리의 정책과 방법에 잘못이 있다고 말하는 이들이 있습니다. 그들은 그동안 함께 일했던 사람들을 비난하고 모든 책임을 몇몇 사람들에게 돌리려고 하고 있습니다. 하지만 그들이 잊은 것이 있습니다. 그것은 지금 우리가 여기까지 올 수 있었던 것은 성실하게 노력해온 평범한 우리 주변의 사람들 덕분이라는 것입니다. 그동안 우리는 한 배를 타고 노를 쥔 손에 피가 나도록 험난한 여정을 함께하며 대해를 건너왔습니다. 이것이 우리의 모습이며 앞으로도 우리는 끝까지 함께할 것입니다. 다른 사람들을 비난하고 타인에게 책임을 돌리는 사람들에게 말씀드리겠습니다. 지금의 위기는 누군가에게 책임을 돌린다고 해결될 일이 아니라 우리 모두 함께 힘을 모아야만 극복될 수 있다는 사실을 말입니다.

거인의 말

상대를 높이면 나도 높아진다

구분 짓기는 적과 아군을 가르는 용도만 있는 것이 아니다. 감사의 메시지를 남길 때도 활용할 수 있다. 이때 오바마는 '나'와 '여러분'이라는 경계를 사용한다.

> 오늘은 제가 감사를 전할 차례입니다. 우리가 뜻을 같이했건 아니건 간에 여러분과 저의 대화는 거실에서건, 학교에서건, 농장에서건, 작업현장에서건, 식당에서건 벽지의 군부대에서건 이런 대화는 저를 정직하도록 붙잡았고 생기를 불어넣었고 저의 길을 계속 가도록 했습니다. 저는 매일 여러분에게 배워왔습니다. 여러분은 제가 더 좋은 대통령, 더 좋은 사람이 되게 했습니다.

자신이 만난 사람들에 대한 감사의 메시지다. 자신을 지지하고 후원하는 사람들뿐 아니라 비판하는 사람까지도 포함한다. 자신이 정직할 수 있고 생기를 가질 수 있고 가고자 했던 길을 계속 가도록 만든 것이 여러분이었다며 감사를 표한다. '여러분이 나를 가르쳐주었고 더 좋은 사람으로 만들어 주었다'는 말에서 청중은 감동한다. '그가 우리를 이렇게 높게 인정해준다'는 사실에 기뻐한다.

사실 이런 메시지는 청중도 감동시키지만 오바마 자신을 높이는 역할도 한다. 결국 자신은 정직하고 활기 넘치며 올바른 길을 가는 사람, 점점 더 좋은 존재로 발전하고 있음을 밝힌 것이기 때문이다. 그런데도 자기를 자랑하는 것처럼 느껴지지 않는다. 오히려 다른 사람을 칭

송하고 있는 것처럼 보인다. 이것이 다른 존재를 높임으로써 자신도 높아지는 말하기다.

여러분 덕분입니다

자기를 높이려면 다른 사람을 높여라. 특히 자신의 주위에 있는 사람들을 칭찬하고 그들에게 감사하라. 방법은 이것이었다. 경영자라면 사원들에게 감사해야 한다. 내가 이 자리를 지키고 있는 것도, 조직이 위험에도 견뎌낼 수 있는 것도 모두 사원들 덕분이라고 말할 수 있어야 한다. '여러분 덕분에 보다 좋은 회사를 만들 수 있었고, 보다 나은 제품을 만들기 위해 노력할 수 있었다'고 밝힐 수 있다면 사람들의 신뢰와 사랑을 얻게 될 것이고 그들의 공로를 인정해주는 멋진 리더로 받아들여질 것이다. 예를 들자면 이렇다.

저는 오늘 여러분께 진심으로 감사하다는 말씀을 드리기 위해 여기에 섰습니다. 왜냐하면 여러분 덕분에 지금의 제가 존재할 수 있었기 때문입니다. 여러분은 제가 작아지고 조급해져서 이기적인 생각이 들었을 때 보다 크고 멀리 생각할 수 있게 해주셨습니다. 제가 실패에 대한 두려움으로 소극적인 결정을 내리려고 할 때 긍정적이고 적극적인 힘을 실어 주셨습니다. 덕분에 저는 여러분 앞에 어깨를 펴고 당당하게 말할 수 있는 사람이 되었습니다. 우리가 이루어놓은 모든 성과는 여러분 덕분이었습니다. 여러분과 함께 일할 수 있다는 것은 큰 기쁨이고 영광이었습니다. 저는 여러분과 함께라면 어떤 일이든 슬기롭게 헤쳐갈 수 있다는 확신을 갖게 되었습니다.

오바마는 우리아 그들이 구분을 통해서 우리를 하나로 묶는다. 그렇다고 반대편에 선 자들을 포기하지 않는다. 나아가 오바마는 나와 여러분의 구분을 통해서 존경을 표하고 감사를 전한다. 덕분에 자신도 멋진 존재가 된다. 이것이 통합의 말하기다.

말하기가 부족한 사람들은 반대로 한다. 그들의 구분 짓기는 공격을 위한 수단이다. 상대를 높이면 자신이 낮아질지 모른다는 짧은 생각에 사로잡혀 남을 깎아내리기에 급급하다. 말하는 순간은 시원할지 모르지만 여운이 없다. 선거철만 되면 상대방을 비방하느라 여념이 없는 우리 정치계와 상대방에 대한 비방과 험담이 끊이지 않는 우리 주변의 상황을 보면서 우리의 말하기에 분명 문제가 있음을 느낀다. 좋은 사람이 되고 싶으면 상대방을 높이자. 언제쯤 이런 잔소리가 필요 없는 세상이 될까!

감사하는 말하기

❶ 나와, 나를 도와주신 분(여러분)을 구분한다.

❷ 지금의 나 혹은 조직이 존재하는 것은 여러분 덕분임을 강조하고 감사한다.

❸ 지금보다 나은 상황을 만들기 위해 노력할 것을 밝힌다.

거인의 말

4.

현실논리가 아닌

상식의 철학 말하기

상식이 통하는 사회

상식이 통하는 사회가 건강한 사회라는 것은 누구나 동의하는 바다. 상식이 통한다는 것은 마땅히 그래야 할 일이 이루어진다는 의미일 것이다. 그런데 우리 사회는 상식이 통하기는커녕 오히려 반대로 움직이는 경우가 많다. 상식과 기본이 강조되는 이유는 이 때문이다.

민주주의 사회라면 선거 결과에 승복하고 다음 주자에게 자리를 물려주는 일은 당연하고도 자연스러운 일이다. 이 원칙이 제대로 지켜지지 않을 때 정치적 보복이 난무하고 국론 분열과 분쟁이 생긴다. 오바마는 자신을 지지하는 사람들 앞에서 후임으로 당선된 트럼프에게 권력을 이양하는 문제에 대해서 이렇게 언급한다.

우리의 최우선은 민주당이나 공화당이 아닌 미국입니다. 사람은 자신이 지지하는 후보가 패하면 슬퍼하기 마련입니다. 하지만 경쟁이 끝나면 우리는 한 팀이었다는 사실을 다시 기억해야 합니다. 8년 전 부시 전 대통령은 전문적이고도 품위 있게 권력이양에 모든 노력을 다했습니다. 그래서 저도 그의 전례를 따라 권력이양에 최선을 다할 것입니다. 왜냐하면 우리는 그가 이 나라의 결속을 다지고 성공적으로 이끌고 나가기를 바라기 때문입니다.

너무도 당연한 말인데도 아름답게 들리는 이유는 무엇일까? 그동안 권력을 이양하는 일이 순조롭지 않았기 때문이다. 너는 얼마나 잘하나 보자는 식으로 후임자들에게 바통을 제대로 인계해주지 않는 경우가 허다하다. 오바마는 자신이 뽑지 않은 사람이 정권을 잡아 애통해하는 사람들에게 올바른 것이 무엇인지 알려준다. 그의 말을 통해 사람들은 자신이 잠시 잊었던 민주주의의 가치와 우리가 적이 아니라 함께 살아가야 하는 친구라는 사실을 떠올리게 된다. 잊고 살던 진실을 다시 일깨워줄 때 사람들은 소중한 것이 무엇인지 알게 되고 다시 큰 생각을 품게 되는 법이다.

비상식을 거부할 권리

미군으로부터 전시작전통제권을 회수하려고 했던 노무현 대통령이 반대에 부딪쳤다. 특히 한국군의 참모들이 거세게 저항했다. 아직은

거인의 말

시기상조라는 이유였다. 이런 반대여론에 대해 노무현 대통령은 이렇게 말했다.

> 윗사람들은 뭘 했습니까? 자기나라 군대의 작전통제도 제대로 할 수 없는 군대를 만들어놓고 내가 참모총장이고 내가 국방장관이라고 그렇게 별들 달고 거들먹거렸다는 말입니까? 그래서 작전권 회수하면 안 된다고 반대하고 성명 내고. 그 사람들이 직무유기한 것 아닙니까? 부끄러운 줄 알아야죠. 작전권 돌려받으면 한국 사람들 잘합니다. 경제도 잘하고 문화도 잘하고 영화도 잘하고 한국 사람들이 외국 나가면 못 하는 게 없습니다. 전화기도 잘 만들고 자동차도 잘 만들고 배도 잘 만드는데 왜 작전통제를 못한단 말입니까!

한반도를 둘러싼 힘의 역학관계와 역사의 발전상을 보면 이해 못할 일은 아니다. 그럼에도 자기나라 군대에 대한 지휘권이 자기 나라에 없다는 것은 이상한 일이다. 역사가 비상식적인 논리에 따라 움직이려고 할 때 이를 거부하고 상식의 노선을 따라 움직이도록 힘을 모으는 것은 역사 속을 살아가는 이 시대인들의 당연한 권리다. 노무현 대통령은 당연한 상식이 지배하는 사회가 되어야 한다고 말하고 있다. 그러면서 작전권 회수를 반대하는 사람들에 대해 자신의 일도 제대로 못하는 사람들이라고, 부끄러워하라고 질책하고 있다. 물론 질책만 해서는 곤란하다. 비판으로 끝나는 것은 설득력이 없다. 그래서 한국 사람들이 잘하는 일들을 나열한다. 그러면서 왜 작전통제는 못하겠느냐고 반문한다. 듣는 사람들에게 자부심을 일깨워주고 우리도 할 수 있다는 자신감을 불어넣어준다. 함성과 박수가 터질 수밖에 없다.

노무현 대통령은 상식이 통하는 사회에 대한 갈망이 강했던 것 같다. 당연한 것을 이상한 것으로 취급하는 세력과 그들의 논리에 대해 강하게 비판하는 모습에서 사람들은 통쾌함을 느끼곤 했다. 대통령 경선 때 상대후보들이 노무현 후보의 장인이 좌익활동을 했다는 것으로 꼬투리를 잡자 특유의 돌직구로 정면돌파를 시도한다.

제 장인은 좌익활동을 하다가 제가 결혼하기 훨씬 전에 돌아가셨습니다. 저는 이런 사실을 알고 제 아내와 결혼했습니다. 그리고 아이들 잘 키우고 지금까지 서로 사랑하면서 잘 살고 있습니다. 뭐가 잘못됐습니까? 그런 아내는 제가 버려야 합니까? 그렇게 하면 대통령 자격이 있고 이 아내를 그대로 사랑하면 대통령 자격이 없다는 것입니까? 여러분 이 자리에서 심판해주십시오. 여러분이 그런 아내를 가진 사람은 대통령 자격이 없다고 하시면 그만두겠습니다. 여러분이 하라고 하면 열심히 하겠습니다.

장인이 좌익운동을 했다고 사랑하는 아내를 버릴 수는 없는 일이다. 당연한 일이 아닌가. 당연한 것을 잊고 있는 사람들에게 당연한 것이 무엇인지 알려주는 것은 엄청난 설득력으로 이어졌다.

가끔 '상식적으로 생각을 좀 해봅시다'는 말을 하곤 한다. 억지를 부리거나 이치에 맞지 않는 상황에서 그에 대한 반론을 제기할 때 사용된다. 상식은 사람들이 공부하고 경험하면서 알게 된 기본적인 이치

거인의 말

고 순리 같은 것이다. 이제는 세상도 글로벌해져서 상식도 점점 세계적 색채를 띠어간다. 상식이란 우리가 공유하고 있는 최소한의 원칙과 같은 것이다. 내가 사람이라면 감정을 갖고 있듯이 우리가 더불어 살아가는 공간의 일원이라면 상식을 갖고 있기 마련이다. 그래서 상식에 기초해서 사람들을 설득하는 것은 힘 있는 말이 될 수밖에 없다.

바꿀 수 있는 것과 없는 것

상식의 중요성을 알게 되면서 좋아진 점은 이야기가 상식적으로 바뀌게 되었다는 사실이다. 누구나 쉽게 생각할 수 있는 상식을 바탕으로 이야기를 풀어가니까 말하기도 쉬워진다. 때로는 마치 법륜 스님처럼 말하게 되기도 한다.

직장인들은 많은 스트레스를 경험한다. 그중에서 가장 큰 스트레스는 상사와의 갈등이다. 상사의 성격이나 생각이 자기와 맞지 않다며 이맛살을 찌푸린다. 이럴 때 '상사의 생각, 고객의 생각, 나의 생각, 직장, 월급, 일하는 방법' 등을 나열한 후 이 중에서 바꿀 수 있는 것과 없는 것을 구분해보라고 요청한다.

화자 : 이 중에서 바꿀 수 있는 것과 없는 것은 무엇일까요? 상사의 생각은 바꿀 수 있을까요?

청중 : 아니요.

화자 : 고객의 생각은 바꿀 수 있을까요?

청중 : 아니요.

화자 : 나의 생각은 바꿀 수 있을까요?

청중 : 예.

화자 : 이번에는 우리의 행동에 대해서 생각해보겠습니다. 이 중에서 우리가 바꾸려고 하는 것은 무엇일까요?

청중 : 상사의 생각이요. (웃음)

화자 : 그렇습니다. 우리는 상사의 생각, 고객의 생각처럼 바꿀 수 없는 것을 바꾸려고 합니다. 그러면서 바뀌지 않는다고 화를 냅니다. 대신 바꿀 수 있는 나의 생각에 대해서는 전혀 바꾸려고 하지 않죠. 이건 상식적으로 생각해봐도 알 수 있는 일입니다. 이제 바꿀 수 있는 것에 집중하는 지혜를 발휘해보시는 것이 어떨까요.

이런 이야기 방식은 법륜 스님의 말하기 방식과 닮아 있다. 아마도 쉽게 말하는 데 능한 사람들은 공통적으로 상식을 잘 활용하는 듯하다.

상식적 수준에서 문제를 바라보면서 말하기가 훨씬 편해졌다. 말을 하기 전에 무엇이 상식적인지 먼저 생각해보자. 말하기가 훨씬 편해질 것이다.

상식의 잣대로 말하는 방법

❶ 어떤 생각이 상식에 맞는지 살펴본다.

❷ 어떤 점이 상식에 맞지 않는지 자세히 설명한다.

❸ 듣는 사람에게 상식적 협력을 요청한다.

5.

힘든 일은

'내가 먼저'라고 말할 때

하기 싫은 일이 있을 때

사람들은 변화를 좋아할까 싫어할까? 정답은 '그때그때 다르다'일 것이다. 사람은 자기에게 유리한 변화는 반기지만 불리한 변화는 꺼린다. 그런데 일반적으로 변화는 우리가 의도하지 않는 방향으로 일어나기 때문에 불편함을 불러온다. 변화는 귀찮은 일이 된다.

변화에 대한 사람들의 태도를 이해하면 그들의 마음을 움직이는 방법을 찾을 수 있다. 눈앞에 치워야 할 쓰레기가 있다고 치자. 우리 중 누군가는 빗자루를 들어야 한다. 자기는 하기 싫고 남이 대신하길 바란다. 이때 현명한 리더라면 어떻게 할까?

싫은 소리 듣기 싫어하는 소심한 리더는 자기 혼자 해치우려고 할지 모른다. 권위적인 리더라면 한 사람을 콕 집을 수도 있다. 한편 현명한 리더는 자신이 먼저 빗자루를 든다. 그리고 함께 치우자고 말한다. 사람들에게 동참을 요구할 권리는 이를 행하고 있는 사람만이 갖고 있다는 암묵적 약속을 알기 때문이다.

먼저 내놓는다

1940년, 제2차 세계대전 당시 전차군단 독일이 영국 침공을 눈앞에 두고 있을 때였다. 대영제국의 신화와 영국인의 자존심은 히틀러의 총칼 앞에서 위태롭게 흔들리고 있었다. 절체절명의 위기에서 수상이 된 윈스턴 처칠은 영국 의회에서 연설을 한다.

> 제가 내놓을 수 있는 것이라곤 피와 노력과 눈물과 땀뿐입니다. 우리는 중대한 일을 앞두고 있습니다.
> 길고 긴 투쟁과 고통의 세월입니다.

처칠은 먼저 내놓는다. 자신의 피와 노력과 눈물과 땀이 그것이다. 중요한 일이 닥칠 것이고 쉽지 않을 것이라며 분위기도 엄숙하게 잡았다. 사람들이 기대하는 것은 막강한 독일 군대를 물리칠 수 있는 대안임을 그도 알고 있었다. 그러나 처칠에게는 답이 없었다. 어디 처칠만 그럴까? 영국 수뇌부에는 딱히 해결책이 없었다.

우리의 대책을 묻는다면 육해공군 모두를 동원해 전쟁을 치를 것이고 몸과 마음을 다해 포악한 독재정권과 맞서 싸울 것입니다. 우리의 목표는 한 가지입니다.

승리!

어떠한 대가를 치르더라도 승리하겠습니다.

처칠은 희생을 감수해야 한다는 사실을 알고 있다. 상대는 유럽 전역을 공포에 떨게 만든 독일 군단이다. 전력만 놓고 보면 열세다. 그래서 처칠은 자기 피를 바치겠다며 먼저 앞장선다. 먼저 내놓는다. 먼저 행동한다. 그럴 때 사람들의 마음이 흔들린다. 저 사람이 무리의 선두에 섰으니 나도 이 대열에 합류하겠다는 의무감과 책임감이 생긴다.

훌륭한 말은 목표가 선명하다. 전쟁을 앞둔 상황에서 승리 외에 또 어떤 목표가 있을까? 승리라는 말, 어떠한 대가를 치르더라도 승리하겠다는 지도자의 의지가 영국 국민과 병사들의 마음에 닿았다. 그리고 최선을 다해 전쟁에 임했고, 물러서지 않았으며, 승리했다.

동참을 호소하는 방법

위기가 닥치면 사람들은 두려움과 혼란에 사로잡힌다. 잘 다져진 조직도 위기 앞에서는 오합지졸이 된다. 어떻게 이 위기와 맞서 싸울 것인가? 그 시작은 리더의 몫이다.

거인의 말

존 F. 케네디는 위기 극복의 의지를 선명하게 보여준 인물 가운데 한 명이다. 미국과 구소련의 냉전체계가 한창이던 1961년 케네디는 대통령에 취임한다. 세계대전과 한국전쟁, 제3세계의 군부독재로 인한 갈등, 공산주의와 자본주의 진영의 날선 대립 등 자고 나면 새로운 위기가 닥치던 시절이었다. 세계는 대립과 전쟁의 소용돌이에 휘말려 있었다. 이때 케네디는 취임연설을 한다. 그의 관심사는 동서의 갈등, 구소련과 미국 양진영의 냉전체제에 대한 해소문제였다.

크고 강력한 두 국가 진영 중 어느 쪽도 현 사태에 마음을 놓을 수 없습니다. 양측 진영이 다 같이 현대 무기를 만드느라 과중한 비용부담을 지고 있고, 동시에 치명적인 핵무기의 확산을 두려워하고 있습니다. 그러면서도 인류 최후의 전쟁 도발을 억제하고 있는 불확실한 공포의 균형을 자기 쪽에 유리하도록 바꾸려고 경쟁하고 있습니다.

감당할 수 없는 핵무기의 위협과 인종차별의 불평등한 현실을 말한 그는 전 세계인들과 함께 핵무기를 억제하고 군비를 축소해야 한다며 방향을 제시한다. 그리고 정중함과 성실한 태도가 필요하다고 말한다. 정중함은 나약함의 표시가 아니며 성실함에는 증거가 필요하다는 말로 성실히 협상할 것임을 강조한다. 그러면서 그가 요구한 것이 동참이었다.

여러분, 이 역사적인 과업에 동참하지 않으시렵니까? 세계의 유구한 역사

속에서 오직 몇 세대의 사람들만이 자유를 지키는 임무를 맡아왔습니다. 나는 이 책임을 두려워하지 않으며 오히려 환영합니다. 우리는 어느 세대 어느 누구와도 처지를 바꾸지 않을 것입니다.

가야 할 길이 멀고 험하지만 이를 피하지 않겠다고 의지를 천명한다. 그리고 함께하자고 권한다. 자신이 자유 수호의 임무를 부여받았으며 기꺼이 이 짐을 짊어지겠다고 말한다. 이어지는 그의 말은 세계 역사에 길이 남을 명언이 되었다.

그러므로 여러분! 조국이 여러분에게 무슨 일을 해 줄 것인가를 묻지 말고, 여러분이 조국을 위해 무슨 일을 할 수 있는지를 물으십시오.

인식의 전환이 일어난다. '국가가 뭔가 해주겠지, 대통령이 알아서 하겠지'라고 생각하던 사람들은 정수리가 서늘해지는 느낌을 받는다. 이제 국민은 자신이 무엇을 해야 하는지 알게 되었다. 그동안 사람들은 누군가 시키는 일을 하면서 살아왔지만 이제는 우리의 자유와 평화와 행복을 지키기 위해서는 내가 움직여야 한다는 사실을 깨닫게 되었다. 우리를 지키고 우리의 미래를 만드는 것은 우리 자신이라는 사실을 발견한 것이다.

거인의 말

물을 넘치게 하는 말하기

위기를 기회로 바꿀 줄 아는 사람들이 있다. 한두 방울의 물방울이 모여서 물결이 되듯이 내가 먼저 나서면 동참하는 사람들이 생긴다. 수위가 충분히 오르면 물은 반드시 넘친다. 기회란 만들어질 수 있는 법이다. 그러자면 동참을 호소할 수 있어야 한다. 예를 들면 이런 식이다.

우리는 벼랑 끝에 몰려 있습니다. 경쟁자들은 강력하고 고객들은 우리의 진면목을 몰라주는 것 같습니다. 하지만 저는 여기서 물러나지 않을 것입니다. 우리의 제품은 다른 회사의 제품과 다릅니다. 우리의 생각은 고객 중심적입니다. 그런 점에서 저는 우리의 어려움은 시간의 문제라고 생각합니다. 힘든 시기에는 견뎌내는 것이 중요합니다. 겨울을 견디면 봄이 옵니다. 마이크로소프트도, 애플도, 구글도 이런 시간들이 있었기에 지금 존재할 수 있었습니다. 이것을 위해서 저의 모든 것을 내놓겠습니다. 회사의 모든 자원과 역량을 총동원할 것입니다. 그 길에 함께해주십시오. 머지않은 미래에 우리의 후배들이 역사라고 부를 수 있는 길을 만드는 데 동참해주십시오. 우리가 그 길을 마다하지 않는다면 우리는 역사가 될 것입니다.

누구에게나 힘겨운 순간은 찾아오고, 어떤 조직이든 위기는 피할 수 없는 법이다. 이런 위기의 상황에서 멋진 미래를 만드는 일에 동참하기를 호소하고 싶다면 처칠과 케네디의 말하기에서 배워야 한다.

위기극복을 호소하는 방법

❶ 현실의 위기를 알리면서 우리가 가진 역량이 무엇인지 말한다.

❷ 위기를 피하지 않고 앞장서서 극복할 것이라는 의지를 천명한다.

❸ 함께할 것을 호소한다.

거인의 말

6.

질문을 던지면

거리가 가까워진다

왜 질문을 받지 않을까?

사람들과의 대화에서 소통이 되는 느낌, 통하는 분위기를 만들려면 어떤 방법이 좋을까? 처음 만난 성인 남녀를 생각해 보자. 간단히 인사한 뒤 자연스럽게 질문이 이어진다. 어떤 일을 하느냐, 취미는 뭐냐, 일은 재미있느냐 등의 질문과 대답들이 오간다. 화제는 좁혀지고 대화는 무르익는다.

낯선 사람들이 서먹서먹한 분위기를 해결하는 가장 좋은 방법은 질문이다. 질문을 하면 대답을 하게 되고 서로에 대해 알게 된다. 대화를 나눈다는 것은 묻고 답하는 과정의 연속이다. 질문은 대화의 시작이고 소통하기 위한 접점을 찾고 이어주는 중요한 역할을 한다.

과거 정부와 대통령들이 불통이라고 지적받았던 대표적인 이유는 여기에 있다. 바로 질문이 없다는 것. 기자들이 질문을 던지지만 아예 받을 생각이 없다. 기자들 입장에서는 궁금한 것이 있어도 해결할 길이 없다. 일방적인 통보나 발표밖에 없으니 당연히 불통이라는 수식어가 헤드카피를 장식한다.

말을 잘한다는 건 두 가지 관점에서 이해될 수 있다. 하나는 그의 주장이 논리적이고 설득력이 있다는 것으로 한마디로 말 자체를 잘하는 사람이다. 다른 하나는 말하는 분위기, 즉 타인과 관계 맺는 모습이나 태도 등이 좋다는 얘기다. 그런데 말이 아무리 논리적이고 이치에 맞아 떨어져도 소통에 약하다면 말을 잘 한다는 평가를 받기는 어렵다.

오바마 대통령의 기자회견 자리에는 수많은 질문이 등장한다. 헬리콥터가 기다리고 있는 빠듯한 상황에서도 사람들의 의문을 최대한 해소시켜주기 위해 많은 질문을 수용하려고 한다. 이런 열린 모습이 소통된다는 느낌을 주고, 좋은 인상을 남기기 때문에 평가도 좋을 수밖에 없다.

일상적 화제로 질문 유도하기

말하는 사람들이 질문 받기를 꺼리는 이유 가운데 하나는 자신이 통제하지 못하는 상황이 펼쳐질까 봐 두렵기 때문이다. 어려운 질문이어서 대답을 못하거나, 입장을 난처하게 만드는 질문 때문에 곤혹을 치

거인의 말

를지도 모른다는 걱정은 누구나 한다. 이럴 때 필요한 것이 모든 질문에 다 답해야 한다는 부담감을 내려놓는 것이다. 모르면 모른다고 하고, 할 수 없으면 못한다고 말하면 된다고 생각하면 여유가 생긴다. 이런 여유가 질문에 부드럽게 대처하도록 도와주고 소통되는 분위기를 연출한다.

페이스북의 마크 저크버그가 대학생에게 질문을 받았다.

"당신은 왜 매일 같은 옷을 입나요? 똑같은 옷 한 벌을 계속 입는 건가요?"

매일 회색옷을 입고 다니는 그가 궁금했기 때문에 던진 질문이었겠지만 약간의 농담도 섞여 있다. 매일 같은 옷인데 세탁은 제대로 하느냐? 사람들을 따라 웃던 저크버그가 말했다.

저는 최대한 단순하게 살려고 노력합니다. 가능한 한 다른 의사결정을 최소화하고 우리 페이스북을 위한 일에만 집중하죠. 심리학에서도 아침에 뭘 입을지, 뭘 먹을지 등을 고민하는 것도 피로가 쌓이게 하고 에너지를 소모시킨다고 인정합니다. 저는 매일 10억 명에게 도움을 주는 일을 하고 있는데 제 모든 에너지를 최고의 제품과 서비스를 만들고 우리의 목적을 달성할 수 있는 데 도움 되는 일에 매진하고 싶습니다.

저크버그의 사례에서 엿볼 수 있듯이 사람들은 어려운 내용을 묻지 않는다. 눈에 띄는 가까운 일상사를 물을 때가 많다. 그리고 이런 질문들은 대화를 나누는 이들의 거리를 좁혀주는 역할을 한다. 내가 저 사람에게 질문을 던졌고, 답변을 들은 경험이 친근감으로 연결된다.

이런 이유 때문에 말하기 고수들은 사람들의 질문을 유도하기 위해서 예를 들어주기도 한다. 질문의 예를 들어주면 사람들의 생각이 그쪽으로 쏠린다. 어려운 질문을 피하는 데도 도움이 되고 자신이 생각하는 방향으로 질문을 유도할 수도 있다. 기왕이면 자신의 삶에 대한 이야기, 생활과 관련된 것으로 예를 들도록 하자.

"지금 가지고 계신 생활 속의 고민도 괜찮고, 저에 대한 개인적인 관심사를 물어보셔도 됩니다. 나이가 몇 살이냐? 집은 어디냐? 이런 것도 좋습니다. 편하게 궁금하신 것을 물어봐 주세요."

이런 이야기들은 분위기를 자연스럽게 만든다. 공식적인 말들이 주는 딱딱함을 넘어서 '저 사람은 참 편안하고 부드러운 사람이구나'라는 느낌을 준다. 덕분에 어색함은 증발하고 온돌방에서 다과 나누듯 따뜻하며 유쾌한 분위기를 만들 수 있다.

거인의 말

적극적인 사람이 질문을 던지는 게 아니라 그 반대다

인연이 닿아 대학에서 강의를 하고 있다. 한번은 인문학이 우리 시대에 중요한 역할을 하고 있음을 설명하고 있었다. 강의를 마칠 때쯤 질문이 있느냐고 물었더니 한 학생이 손을 들었다.

"저는 철학과 학생입니다. 제가 궁금한 것은 인문학이 우리 사회에서 이렇게 중요한 역할을 하고 있는데 왜 인문학의 꽃이라고 불리는 우리 철학과는 취직이 잘 안 되는 걸까요?"

일리 있는 질문이었다. 인문학이 유행하는 시대에 왜 철학과는 취업률이 낮을까?

"그건 우리 사회의 실용적인 문화 때문인 것 같습니다. 기업이 원하는 인재가 철학과 출신이 아니라 경영학과 출신 중에서 철학할 줄 아는 사람이라고나 할까요."

이렇게 대답을 하고 수업을 마쳤다. 이후 강의시간부터는 그 학생을 지켜보았는데 집중력이 높았고 질문도 자주 던졌다. 학기가 끝날 때쯤 물었다.

"수업에 집중해줘서 고마워요. 인문학전공이라 그런지 수업이 편했나보죠?"

"교수님 수업이 좋아진 것은 처음 질문을 한 후부터였습니다. 질문을 하고 나니 수업이 더 좋아지고 더 많은 질문도 하게 되었던 것 같습니다."

이런 경험을 하면서 실문이 사람에게 어떤 억할을 하는지 깊이 새기게 되었다. 그 후 수업시간에 질문을 유도하기 위해서 좋은 질문을 한 학생들에게는 가점까지 주며 참여를 유도한다. 역시 사람은 자신이 주도적으로 참여한 활동에 애착을 느낀다.

스티브 잡스의 옷장

구글에 'Steve Jobs clothing'이라고 검색하면 뜨는 그림이 있다. 스티브 잡스와 그의 옷장을 그린 그림이다. 그는 목이 올라온 검은색 티에 청바지를 입고 있다. 상하단으로 나뉜 그의 옷걸이에는 역시 똑같은 검은색 티와 청바지가 수십 벌 걸려 있다. 잡스의 집을 가보지 않더라도 우리는 그의 옷장이 대강 어떻게 구성되었는지 쉽게 짐작할 수 있다. 출근을 하든, 사람을 만나든, TV에 출연하든 늘 이런 차림이었기 때문이다.

강의를 하다가 사람들에게 이 그림을 보여주고 그가 왜 이렇게 옷을 입었는지 생각해볼 것을 권한다. '공통된 이미지를 보여주기 위해서', '패션도 전략이다' 따위의 대답이 돌아온다. 그리고 간혹 이렇게 답변하는 사람도 있다. '시간을 아끼기 위해서!'

그랬다. 잡스가 단조로운 옷차림을 고수하는 이유는 시간 절약 때문이었다.

거인의 말

이런 그림을 보여주는 것은 말로 설명하는 것보다 훨씬 강한 인상을 남긴다. 그래서 강의를 할 때는 물론 대화를 할 때도 그림을 보여주려고 노력한다. 그런데 그림을 보여주는 데만 급급하면 곤란하다. 질문을 덧붙이는 게 좋은 방법이다. 질문을 던지면 청중의 생각을 유도하고 참여하는 분위기를 만들 수 있다. 청중이 자신을 이 자리의 일부라고 느낀다면 말하기는 지루하지 않게 되고 보다 자연스럽게 대화를 이어갈 수 있다.

질문을 유도하는 방법

❶ 그림이나 자료를 보여주고 무엇을 의미하는지 질문을 던진다.

❷ 답을 들으면서 이야기를 나눈다.

❸ 자신이 말하고자 하는 쪽으로 대답을 이끌어간다.

7.

질문이

대화를 끌고 간다

성공하는 말하기의 구조

말하기에 실패하는 경우를 보면 대개 이런 구조를 가지고 있다.

❶ 자신의 생각을 말하고 주장한다.
❷ 근거자료를 제시한다.
❸ 주장을 강조한다.

이 과정에서 빠진 게 있다. 바로 듣는 사람이다. 그들이 무엇에 관심이 있고 무엇을 중요하게 여기는지에 대한 배려가 없다. 이런 말하기는 실패할 가능성이 높다.

거인의 말

반면 성공하는 말하기의 구조는 정반대다.

❶ 사람들이 어떤 문제로 고민하는지 찾아낸다.
❷ 문제를 해결할 수 있는 방법을 생각하게 한다.
❸ 좋은 방법이라고 결정된 내용을 정리하고 제시한다.

이런 방법은 효과적일 수밖에 없다. 사람들의 관심사에서 출발하기 때문이다. 말을 하는 사람은 자기 생각을 우선시한다. 듣는 사람도 자기 생각이 우선이다. 두 사람의 생각이 맞아 떨어지면 다행이지만 그렇지 않을 경우 대화는 빗나가게 된다. 결국 말하는 사람이 고민해야 할 것은 듣는 사람의 문제와 관심사는 무엇인가 하는 점이다.

질문이 다르면 답도 다르다

보통 설법은 성경이나 불법을 읽고 해석을 해주고 생활에 적용시키는 방법을 사용합니다. 이것은 하늘의 이야기를 땅으로 가져오는 것입니다. 반대로 즉문즉설은 우리의 이야기, 괴롭고 힘든 이야기들인 땅의 이야기를 먼저 하고 그것을 대화를 통해 하늘의 이야기로 진리에 도달함으로써 우리의 고뇌가 가벼워지는 방식입니다. 이렇게 되면 진리가 하늘에 있는 것이 아니라 우리 마음속에 있다는 것을 알게 됩니다. 우리의 삶 속에 진리가 있는 것이고, 행복이 누가 주는 것이 아니고 내가 실마리를 찾을 수 있다는 것입니다.

명쾌한 말하기로 유명한 법륜 스님은 당신의 설법 방식을 쉽게 설명한다. 그 방법은 불경을 읽고 해석한 뒤 일상적 예를 드는 것이 아니라 현실의 구체적인 예에서 문제를 가져와 실마리를 제시하는 것이다. 이것은 말을 재미있게 시작하면서도 주제로 연결시킬 수 있는 훌륭한 방법이다.

문제는 다른 사람의 생각이나 그 사람이 가진 생활의 문제를 알 수가 없다는 것이다. 이때 그들의 생각을 읽어낼 수 있는 쉬운 방법이 있다. 그것이 질문이다. 법륜 스님이 '즉문즉설'에서 사람들에게 질문을 받는 이유가 여기에 있다. 말하는 사람이 일방적으로 문제를 정하면 듣는 사람의 고민과 동떨어질 수 있다. 이런 단점을 극복하기 위한 것이 질문 받기다.

법륜 스님이 법석을 펼치는 곳은 사람들로 넘친다. 사람 모으기 힘든 시대라는 말이 무색하다. 유명한 연예인이나 스타 강사들에게 사람이 모이는 것은 그들의 얼굴을 보기 위해서인 경우가 많다. 강의보다는 얼굴에 더 관심이 간다. 그런데 법륜 스님의 강연장에는 얼굴을 보러 오는 사람이 거의 없다. 대부분 인생에 고민이 많고 걱정이 앞서는 평범한 사람들이다.

그들이 강연장을 찾는 이유는 단순하다. 내 인생의 문제를 나눌 수 있다는 믿음 때문이다. 그래서 한 번 왔던 사람들이 다시 온다. 올 때마다 다른 질문에 대한 다른 대답을 들을 수 있다. 반면 어떤 강사들은 하는 말이 매번 비슷하다. 강의주제와 내용이 꽉 짜인 각본 같다. 법륜 스님의 강의는 늘 신선하다. 질문이 다르니 똑같이 답할 수도 없다.

질문한 사람이 답을 갖고 있다

법륜 스님이 사람들과 이야기하는 방식을 살펴보자.

먼저 사랑방 같은 편안한 분위기를 조성하기 위해서 자신의 생각을 잠깐 이야기한다.

우리가 살아가는 데 지식도 필요하고 지혜도 필요합니다. 지식이 없으면 무식하다 그리고 지혜가 없으면 어리석다고들 합니다. 그런데 지식이 없으면 손해 볼 일이 많습니다. 지혜가 없으면 괴로울 일이 많습니다. 지식이 있어서 이익을 보더라도 지혜가 없으면 인생이 괴롭습니다. 지식이 없어서 사는 게 좀 힘들더라도 지혜가 있으면 인생이 괴롭지는 않습니다. 불교를 아무리 공부해도 지식만으로 받아들이기 때문에 마음의 괴로움은 없어지지 않습니다.

그런 후에 사람들이 자신의 마음속 고민과 어려움들을 이야기할 수 있도록 판을 펼친다.

"팀장님이 저에게만 일을 많이 시킵니다. 감정기복도 심한 사람이라 괴롭습니다. 어떻게 해야 할까요?"

직장인이라면 누구나 고민하는 문제일 것이다. 법륜 스님은 어떻게 대답할까?

"회사를 그만두면 되죠. (청중들 웃음) 그런데 그전에 한 번 생각해봐요. 그런 상사 밑에서도 회사를 다니는 것이 좋을까요? 아니면 그만두는 게 좋을까요? 어떤 선택을 하겠어요?"

"저는 다니고 싶은데……".

"본인은 다니고 싶은데 팀장이 바뀌면 더 좋겠다는 말이죠? 그럼 팀장을 고쳐야겠네요? 팀상을 고치는 것은 내가 고칠 수 있어요? 아니면 팀장이 할 수 있어요?"

"팀장님이요."

"그렇죠. 나는 팀장을 고칠 수 없어요. 팀장은 팀장 자신이 고쳐야 해요. 안 고쳐진다는 말이에요. 그럼 안 고쳐진다는 전제하에 선택을 해보세요."

"안 고쳐지더라도 그냥 다니겠습니다."

"그럼 팀장한테 맞추는 게 내가 덜 괴롭겠어요? 자꾸 고치려고 하는 게 덜 괴롭겠어요?"

"맞추는 게 낫겠어요."

"그래요. 이럴 때 길은 두 가지입니다. 내가 맞추고 살아가는 것과 거부하며 싸우는 것입니다. 내가 맞추는 것이 누구를 위한 것에요? 나를 위한 겁니다. 바꿀 수 없는 걸 바꾸려고 괴로워하지 말고 지혜롭게 살아가세요. 그런데 그 사람이 나쁜 일을 하려고 한다면 그건 싸워야겠죠. 그리고 한 가지 더. 보통 자기가 편한 사람에게 일을 많이 줄까요, 아니면 미운 사람에게 많이 줄까요? 친한 사람에게 일을 많이 시킵니다. 그래서 상사가 일을 많이 주거든 '저 사람이 나를 편하게 생각하는구나', '우리가 친하구나' 이렇게 생각하면 됩니다. 생각만 바꾸면 다르게 상황을 이해할 수 있습니다."

법륜 스님이 말하는 방식은 어떤 정답을 정해두고 있는 것이 아니다.

거인의 말

질문을 듣고 그 질문의 내용에 따라서 거꾸로 질문을 던지고 질문자에게 답을 듣는 방식으로 진행하면서 하나의 소실점으로 이야기를 끌고 갈 뿐이다. 물론 삶의 근본원리에 대한 기본적인 이해는 가지고 있고 불법의 진리에 대한 믿음도 바탕으로 삼고 있다. 중요한 것은 삶의 원리와 불법의 진리를 설명해놓고 그 내용을 풀어서 알려주는 강의식 설법이 아니라 가장 밑단의 삶 이야기를 통해서 행복을 찾아나가는 전형적 가이드 방식을 취하고 있다는 점이다. 이것이 질문을 통해 원리로 접근해가는 방식이고 사람들에게 깊은 공감을 이끌어내는 길이다.

답변하기 곤란한 질문을 받았을 때

이때 조심해야 할 것이 있다. 너무 성급하게 결론을 내리려고 해서는 안 된다는 점이다. 경험도 일천한 사람이 박학다식해 보이고 싶어 빨리 대답하다가는 무리한 결론을 내릴 수 있다. 들은 즉시 답변할 수 없는 질문도 많다. 그럴 때는 서로 대화를 주고받듯이 진행하면 좋다. 질문의 취지를 다시 물어보거나 적당한 예시를 찾아서 질문을 구체적으로 다시 해달라고 부탁하는 것도 좋은 방법이다. 추상적인 질문은 대답하기 어렵다. 질문이 구체적이면 대답도 구체적이 된다. 질문이 어려우면 자리를 함께하는 사람들에게 해답을 구하는 것도 방법이 될 수 있다. '여러분은 어떻게 생각하세요?' 하고 발언권을 부여하는 것이다. 재미있는 대답이 나올 수 있고 좋은 아이디어를 얻을 수도 있다. 이렇게 집단지성을 통해 얻은 답변을 정리하면서 더 나은 대답을 들려주는 방법도 가능하다.

중요한 것은 질문을 두려워해서는 안 된다는 사실이다. 정말 대답하기 어려운 질문이라면 모르겠다고 하면 될 일이다. 다만 무소선 보르겠다고 하기보다는 자신보다 나은 사람에게 물어보라거나 지금은 떠오르는 것이 없으니 자료를 찾아보고 개인적으로 답변을 해주겠다고 덧붙이는 것이 좋다. 모른다고 하거나 자세히 알아보고 대답하겠다는 말 때문에 신뢰감이 무너지는 경우는 매우 드물다. 듣는 사람의 입장에서는 질문에 성실하게 대답하려는 태도가 무엇보다 중요하게 여겨지기 때문이다.

거인의 말

질문, 주고받는 즐거움

질문이란 서로 주고받으며 하나의 답을 향해 나아가는 소통의 과정임을 알게 되자 질문에 대응하는 방식에 변화가 생겼다. 하루는 전자공학과 학생이 질문을 던졌다. 전자공학은 나에게 매우 생소한 분야여서 살짝 긴장이 되었다.

"저는 전자공학과 학생입니다. 인문학이 중요하다는 것은 알겠는데 그렇다면 저는 어떤 종류의 책을 읽어야 하는지 궁금합니다."

"전자공학과 학생이라면 앞으로 어떤 일을 할 가능성이 높아요?"

"저는 컴퓨터그래픽을 공부해서 영화나 게임에서 환상적인 장면들을 만드는 일을 하고 싶습니다."

"그런 일을 하려면 어떤 능력이 있어야 할까요?"

"상상력이 중요할 것 같습니다."

"상상력이 중요하다면 판타지 소설을 읽으세요. 그리스 신화나 북유럽, 동양 신화도 좋을 듯하네요. 이런 책들은 상상력을 길러주기 때문에 멋진 장면들을 만드는 데 도움을 줍니다. 그리고 괴물과 영웅, 신들의 놀라운 모습을 떠올릴 수도 있습니다."

처음 질문을 들었을 때 어떤 대답을 해야 할지 막막했다. 그래서 학생에게 물었다. 무슨 일을 하고 싶고 그런 일을 하려면 어떤 능력이 필요한지. 이렇게 묻고 답을 듣는 과정에서 어떤 대답이 도움이 될지 자연스럽게 떠올랐다. 실제로 질문을 받을수록 이런 경험을 자주 하게 되었다. 그 후 질문이 더 이상 두렵지 않았다.

난처한 질문에 대응하는 방법

❶ 자신의 말을 요약하면서 질문을 유도한다.

❷ 즉시 대답할 수 없는 질문의 경우 거꾸로 질문을 던져서 내용을 파악한다.

❸ 스스로 대답을 찾을 수 있도록 상황을 좁혀간다.

❹ 그 과정에서 떠오른 내용을 정리해서 답한다.

❺ 대답이 떠오르지 않을 경우 알아보고 대답하겠다며 약속을 정한다.

거인의 말

8.

말을 완성시키는 것,

우리 시대가 요청하는 철학

말의 뿌리, 숭고한 신념

말이 입에서 나오는 사람들이 있다. 그들의 말은 가벼워서 잘 뒤집힐 뿐 아니라 기껏 내뱉었던 말도 식언을 잘한다. 그들은 귀에 달콤한 말을 즐기기 때문에 때로는 아부처럼 보일 때도 있다.

말이 머리에서 나오는 사람들이 있다. 그들의 말은 철저한 계산 아래 움직이기 때문에 겉으로 보이는 웃음과 달리 말은 매우 차갑다. 나아가 상대방의 약한 틈을 파고드는 데 능하기 때문에 찔리면 아프다.

말이 가슴에서 나오는 사람들이 있다. 그들의 말은 따뜻하기 때문에 듣고 있으면 공감이 되고 위로를 얻는다.

그리고 마지막으로 말이 자기 몸이 아닌 다른 것에서 나오는 사람들이 있다. 그들은 마치 접신한 사람처럼 자신의 신념과 동일시되어 말을 옮긴다. 그들의 말은 말이기 전에 그들의 행동습관이기 때문에 때로는 자신의 행동을 사후적으로 정리한 듯한 인상을 풍긴다. 그래서 그들의 말은 믿을 수 있고, 따를 수 있다. 그 말은 숭고한 신념의 결정체처럼 느껴진다.

말하기의 완성은 그러므로 인격과 신념에 달렸다. 그 인격체가 행동의 기준으로 삼고 있는 숭고한 신념의 토대 위에서 발화가 이루어질 때 그 말은 우리 가슴에 별이 된다. 우리가 오바마의 언어를 즐겨 듣는다면 그건 인간 오바마라서 그런다기보다는 그의 말이 그의 가치관과 신념을 잘 반영하고 있기 때문이다.

시대가 요구하는 신념

지금 세계는 곤경에 처해 있습니다. 인간의 재산과 생명을 사라지게 할 힘을 인간이 자신의 치명적인 손에 잡고 있기 때문입니다. 인간의 권리가 국가가 아닌 신의 손에서 나온다는 우리 선조들이 목숨을 바쳐 지킨 이 신념은 아직도 지구상에서 미해결 상태입니다.

케네디가 미국인에게 끝없이 존경을 받는 이유는 단 하나, 평화에 대한 숭고한 신념이었다. 그의 시대는 냉전의 연속이었고 핵이 세상을 위협하고 있었다. 언제 공멸할지 모르는 절체절명의 위기에서 그는 시종일관 화해와 공존을 외치고 실행했다.

> 문화적 정신적으로 함께하는 역사 깊은 우방에게 신뢰할 만한 친구의 지원
> 을 약속합니다. 손잡고 이룩해야 할 많은 모험이 있습니다. 뭉치면 이루지
> 못할 일이 없습니다. 그러나 흩어지면 거의 아무 것도 해낼 수 없습니다. 뿔
> 뿔이 흩어진 상태에서 어떻게 강력한 도전에 대응할 수 있겠습니까.

공존을 위한 협력이야말로 그의 방법이었고 그 지향점은 인류의 평
화였다. 이런 숭고한 신념이 사람들의 마음을 움직인다.

케네디의 신념이 국제적 질서에 대한 것이었다면 킹 목사의 그것은
인간에 기초해 있었다.

> 나는 지금 꿈을 가지고 있습니다. 인간이 모두 형제가 되는 꿈입니다. 나는
> 이런 신념을 가지고 절망의 산에 희망의 터널을 뚫겠습니다. 나는 이런 신념
> 을 가지고 여러분과 함께 어두운 과거를 광명의 내일로 바꾸겠습니다.

그는 유색인종에 대한 차별을 없애야 한다고 말한다. 왜? 인간은 모
두 형제이기 때문이다. 인간은 모두 평등하다는 신념이 그를 행동으로
이끌었고 그 행동을 담은 그의 말이 우리에게 감동을 안겨준다.

지금은 케네디와 킹 목사의 시대가 아니다. 시대와 상황이 요구하는
철학과 사명은 다르다. 옛 시대의 사명을 그대로 받아들일 수도 없고
다른 사람의 신념을 내 것인 양 꾸밀 필요도 없다. 우리에게는 우리의

신념이 필요하다.

내가 믿고 따르는 것, 그것을 말하라

스탠퍼드 대학교에서 졸업식 축사를 할 당시 스티브 잡스가 강조한 것은 개인의 삶이었다. 케네디나 킹 목사처럼 국가적 이슈를 말할 수 있는 시대도 아니었고 그런 위치에 있지도 않았다. 게다가 이야기를 듣는 사람들은 이제 막 세상에 발을 내딛으려는 젊은이들이었다.

그가 할 수 있는 일은 인생의 선배로서, 실패와 성공이라는 우여곡절을 겪으며 먼저 배운 사람으로서 메시지를 던져주는 것뿐이었다.

제가 계속 앞으로 나갈 수 있었던 것은 오로지 제가 하는 일을 진정으로 사랑했기 때문이라고 확신합니다. 여러분도 사랑할 것을 찾아야 합니다. 그것은 일일 수도 있고 애인일 수도 있습니다. 일은 인생의 큰 부분을 차지합니다. 여러분이 대단한 일이라고 믿는 것을 해야만 진정으로 만족할 수 있습니다. 대단한 일을 하는 유일한 방법은 여러분이 하는 일을 사랑하는 것입니다. 아직 그걸 발견하지 못하셨다면 계속 찾으십시오. 안주하지 마십시오.

그가 실패와 성공의 경험을 통해서 배운 것은 사랑하는 일을 할 때 만족할 수 있고 행복할 수 있다는 진리였다. 그러니 사랑할 수 있는 일을 찾는 일을 멈추지 말고 실패도 겪고 좌절도 맛보라고 조언한다. 롤

거인의 말

러코스트를 타듯 밑바닥에서 정점까지 치달아 본 그의 삶의 굴곡이 말에 신뢰를 더한다.

오바마 대통령이 자리에서 물러난 이후 재미있는 일이 벌어졌다. 영국이 유럽연합을 탈퇴한 직후 많은 영국인들이 오바마를 대통령으로 영입하자고 목소리를 높였고 프랑스에서는 자신들의 대통령으로 오바마를 선출하자고 청원운동이 일어났다. 왜 이런 일이 생겼을까? 오바마는 영국이나 프랑스 출신도 아니고 그들의 이익을 대변해줄 수 있는 사람도 아닌데 말이다. 그 이유는 오바마가 가진 신념과 철학 때문이었다.

오늘날 우리가 던지는 질문은 큰 정부인가 작은 정부인가 하는 게 아니라 정부가 제대로 기능하고 있는가 하는 것입니다. 즉 정부가 가족들로 하여금 타당한 보수의 직업을 찾을 수 있도록, 여유가 되는 보살핌을 받을 수 있도록, 또는 품위 있는 은퇴생활을 할 수 있도록 돕고 있는가 하는 것입니다. 우리는 '예'라는 대답이 있는 곳을 향해 전진할 것입니다. 하지만 '아니오'라는 대답이 있는 곳에서는 전진을 멈출 것입니다. 공공자금을 관리하는 이들은 책임지고 돈을 현명하게 지출하고 악습들을 개혁하고 투명하게 일을 처리하게 될 것입니다. 왜냐하면 그럴 때에만 비로소 국민과 정부 사이에 중요한 신뢰가 회복될 수 있기 때문입니다.

정부의 역할에 대해서 이토록 분명하게 말할 수 있는 사람은 많지 않다. 노동자들이 타당한 보수를 받고 보살핌이 필요한 사람들에게 혜택을 주고 열심히 일한 사람들이 품위 있게 은퇴생활을 즐길 수 있도록 하자는 비전은 너무 당연하면서 올바르게 느껴진다. 이런 말과 실천이 반복될 때 국민은 정부를 신뢰할 수 있고 이런 신뢰가 쌓여갈 때 국가의 힘이 하나로 모인다.

노무현 대통령이 강조했던 서민들이 사람답게 살 수 있는 사회, 정의와 상식이 바로 선 사회를 만드는 것이 정부가 해야 할 일이 아닌가. 그런 정부를 만들겠다는 철학과 의지를 가진 사람이 수상과 대통령이 되어야 하는 것은 당연한 일이다.

이 시대가 사랑하는 그들의 말하기

한 사람의 생각과 신념은 철학이 되고, 철학은 말로 드러나며, 사람들은 그의 말을 통해 우리가 어떤 길로 가야 하는지 비전을 본다. 그리고 그 말이 당연하고 올바를 때 믿음이 된다. 이런 믿음을 공유한 사회와 조직은 건강하고 튼튼하다. 특정 세력과 분파가 특정계층의 이익만을 대변하는 구조는 대다수 사람들의 삶의 근거를 약화시키고 건강한 희망을 강탈한다. 대중은 올바른 생각이 무엇인지 감별하는 혜안을 갖고 있다. 우리는 좋은 생각을 반영한 말에 동의하고 감동할 준비가 되어 있다. 평범한 우리 가슴에 어떻게 호소하는 게 옳은지 잘 알고 있는 것이 이 시대가 사랑하는 사람들의 말하기다.

거인의 말

여러분이 자신의 지위와 영향력을 힘없는 사람들의 목소리를 대변하는 데 쓴다면, 기득권층뿐 아니라 힘이 없는 이들과 함께하기를 선택한다면, 여러분만큼 혜택 받지 못한 사람들의 삶을 이해할 수 있는 상상력을 지녔다면, 여러분의 존재 자체에 감사하는 가족뿐 아니라 여러분의 도움으로 더욱 나은 삶을 살게 된 수많은 사람들이 여러분을 자랑스러워할 것이다.

조앤 롤링이 하버드를 졸업하는 사람들에게 마지막으로 당부하는 말이다. 혼자 잘 먹고 잘 살지 말고 다른 사람의 삶도 돌아보고 돌볼 수 있는 사람이 되자는 당부다. 실제로 그녀는 자신이 만든 재단을 통해 그런 일을 하고 있다. 돈만 있으면 나도 할 수 있다고 할지 모르지만 세상에는 돈이 차고 넘치는 데도 이웃을 돌아보는 데 무관심한 이들이 많다. 그들의 말은 설령 아름다운 언어로 이루어져 있더라도 우리는 믿지 않을 것이며 존경하지도 않을 것이다. 그들의 말에는 실체도 없고, 인격도 없고, 공존도 없기 때문이다. 그래서 힘이 없다.

스스로 돌이켜볼 때 살아온 철학도 없고 다른 사람들을 돌볼 수 있는 여유도 없다는 생각이 들지도 모른다. 그렇다면 기억해둘 것이 있다. 사람들은 자기만 챙기는 사람을 좋아하지 않는다. 자신만을 위해서, 자기 것을 지키고 보존하는 데만 여념이 없는 사람은 점점 왜소해진다. 그의 삶은 축소되어 세상으로부터 멀어질 것이다.

반면 우리가 스스로를 연다면 상황은 달라질 수 있다. 사람들은 타인을 배려하는 사람을 좋아한다. 나를 넘어 상대를 볼 수 있고 함께 공존을 모색하고 그것에 필요한 것을 받아들일 준비가 되어 있는 사람을 믿고 따른다. 그런 사람들은 사적인 소유의 양과 무관하게 세상과 만나는 접점이 넓어지면서 점점 커지고 강해진다. 사람들이 그들의 생각과 신념을 함께하고 싶어 하기 때문이다.

인문학 독서광 안상헌,
이 시대 리더들의 말하기 비밀을 파헤치다

거인의 말

지은이 | 안상헌
펴낸곳 | 북포스
펴낸이 | 방현철
편집자 | 권병두
디자인 | 엔드디자인

1판 1쇄 펴낸날 | 2018년 4월 20일
1판 2쇄 펴낸날 | 2018년 5월 15일

출판등록 | 2004년 02월 03일 제313-00026호
주소 | 서울시 영등포구 양평동5가 18 우림라이온스밸리 B동 512호
전화 | (02)337-9888
팩스 | (02)337-6665
전자우편 | bhcbang@hanmail.net

이 도서의 국립중앙도서관 출판시도서목록(CIP)은 e-CIP 홈페이지(http://www.nl.go.kr/ecip)와
국가자료공동목록시스템(http://www.nl.go.kr/kolisnet)에서 이용하실 수 있습니다.
(CIP제어번호: 2018009692)

ISBN 979-11-5815-019-8 03190
값 15,000원